« Ce petit livre surprendra et inspirera les lecteurs peu importe où ils sont. Fable au sujet des possibilités des carrefours émotionnels, elle parle des choses profondes et importantes de la vie. Je recommande fortement ce livre. »

Bill Bridges
Auteur de *Transitions* et de *Managing Transitions*

« Ce livre est fantastique. Il est puissant, retentissant et d'une grande perspicacité au sujet de la vie. Lisez-le une fois et vous voudrez le reprendre et le relire plusieurs fois. Et ensuite, offrez-le à chaque personne que vous connaissez. »

Jeffrey J. Fox
Auteur du succès au palmarès du *New York Times*
How to Become CEO

« Tout simplement, voilà un livre qui peut changer une vie. »

Scott Kauffman
Écrivain, *USA Today*

« J'ai adoré! Je l'ai lu d'un trait, en une journée. *Le Why Café* mérite définitivement qu'on s'y arrête. »

Horizons Magazine

« Original. Imaginatif. Fascinant. Du genre à changer une vie. J'ai commandé dix autres exemplaires du livre avant même d'en avoir complété la lecture! »

Bill Guggenheim
Auteur de *Hello From Heaven*

« Émouvant, dérangeant, illuminant, inspirant. Il favorise les réponses aux questions les plus importantes de la vie. »

Lifestyle Magazine

« Un excellent livre pour vous aider à trouver votre *pour-quoi*. Nous le recommandons à toutes les personnes de notre organisation. Nous en avons d'ailleurs acheté plusieurs exemplaires pour quelques-unes d'entre elles. »

Tony et Tammy Daum
Directeurs Diamant
Usana Health Sciences

« Un excellent livre pour vous faire réfléchir sur votre vie et sur ce que vous êtes vraiment. C'est si bon que j'en ai acheté 500 exemplaires pour donner à mes clients. »

Von K. Tharp
Auteur du succès *Safe Strategies for Financial Freedom*

« Une fois que vous commencez ce livre, vous ne pourrez plus le refermer! »

Midwest Book Review

« Brillant! Vous voudrez le donner à toutes les personnes que vous connaissez. »

Adele Azar Rucquoi
Auteure de *Money as Sacrement*

LE **WHY** CAFÉ

Catalogage avant publication de Bibliothèque et Archives nationales du Québec et Bibliothèque et Archives Canada

Strelecky, John P.
Le Why Café
Traduction de *The Why Café*
ISBN 978-2-89436-227-3
1. Vie - Philosophie. 2. Morale pratique. I. Titre.
BD435.S7714 2009   113'.8   C2009-940997-6

Nous reconnaissons l'aide financière du gouvernement du Canada par l'entremise du Programme d'aide au développement de l'industrie de l'édition (PADIÉ) pour nos activités d'édition.

Nous remercions la Société de développement des entreprises culturelles du Québec (SODEC) pour son appui à notre programme de publication.

Traduction : Alain Williamson
Infographie : Marjorie Patry
Mise en pages : Marjorie Patry
Correction d'épreuves : Amélie Lapierre

Éditeur :   Les Éditions Le Dauphin Blanc inc.
              6655, boulevard Pierre-Bertrand, local 133
              Québec (Québec) G2K 1M1 CANADA
              Tél. : 418 845-4045 Téléc. : 418 845-1933
              Courriel : dauphin@mediom.qc.ca
              Site Web : www.dauphinblanc.com

ISBN : 978-2-89436-227-3

Dépôt légal : 3e trimestre 2009
              Bibliothèque nationale du Québec
              Bibliothèque nationale du Canada

Imprimé au Canada

Limites de responsabilité

John P. Strelecky

LE **WHY** CAFÉ

Traduit de l'américain
par Alain Williamson

Le Dauphin Blanc

Autres ouvrages et supports de John P. Strelecky

- *The Big Five for Life*
- *The Big Five for Life* (ensemble de CD)
- *Life Safari*
- *How to Achieve Maximum Success with Minimal Effort* (ensemble de CD)

Pour Xin, mon âme sœur dans tout ce que je fais,
et pour Casey, Mike et Anne.

 # PRÉFACE

Parfois, au moment où vous vous y attendez le moins – même si vous en avez vraiment besoin –, vous vous retrouvez dans un nouvel endroit, avec de nouvelles personnes et vous y apprenez de nouvelles choses. Ça m'est arrivé un soir au bout d'un long chemin isolé et noir. Avec du recul, ma situation à ce moment précis représentait ma vie de cette époque. Tout comme j'étais perdu sur ce chemin, je me sentais également égaré dans ma vie, incertain de savoir exactement où je me dirigeais ni pourquoi j'allais dans cette direction.

J'avais pris une semaine de vacances. Mon but était de m'éloigner de tout ce qui était associé à mon travail. Ce n'était pas que mon emploi était minable. Bien sûr, il comportait des aspects frustrants, mais avant tout, c'était le fait de me retrouver la plupart du temps à me demander s'il n'y avait plus dans la vie que de passer dix ou douze heures par jour dans un tout petit bureau en vue d'obtenir une promotion qui m'obligerait probablement à passer entre douze et quatorze heures par jour à travailler dans un bureau un peu plus grand.

À l'école secondaire, on m'avait préparé pour le collège; au collège, je m'étais préparé pour le monde du travail. Et depuis, je passe mes journées à travailler pour gravir des échelons à l'intérieur de la compagnie qui m'engage. Je me demande maintenant si les gens qui m'avaient orienté dans cette voie ne répétaient pas tout simplement ce que d'autres leur avaient répété dans leur vie.

Ce n'étaient pas vraiment des mauvais conseils, mais ce n'étaient pas non plus des conseils favorisant l'épanouissement. Je sentais que j'échangeais ma vie contre de l'argent, et ça ne m'apparaissait pas un très bon marché. C'est dans cet état d'esprit, disons confus, que j'ai trouvé *Le Why Café*.

Lorsque j'ai raconté l'histoire qui suit à d'autres personnes, elles l'ont qualifiée de « mystique » ou d'histoire à la « twilight zone ». Ce dernier terme fait référence à une émission de télévision passée dans laquelle des gens se retrouvaient dans des endroits qui paraissaient normaux, mais qui s'avéraient finalement des plus étranges.

Parfois, pour de brefs instants, je me surprends à me demander si mon expérience est bien réelle. Chaque fois que cela se produit, je vais dans mon bureau, à la maison, j'ouvre un tiroir de mon secrétaire, j'en sors le menu que Casey m'a donné et je relis ce qu'il y est inscrit. Ça me rappelle à quel point tout ce que j'ai vécu est réel.

Je n'ai jamais essayé de retrouver le café. Une petite partie de moi aime croire que, peu importe à quel point cette soirée fut réelle, même si je pouvais relocaliser exactement l'endroit et y retrouver le café, il n'y serait pas, que la seule explication pour laquelle j'avais trouvé le café, c'est que cette nuit-là, à ce moment précis, j'avais besoin de le trouver, et c'est pour cette seule raison qu'il a existé.

Peut-être que, un jour, j'essaierai d'y retourner. Ou peut-être que, une nuit, je vais me retrouver tout juste devant le café. Alors, je pourrai entrer et dire à Casey, à Mike et à Anne – si elle y est – à quel point cette fin de soirée au café avait changé ma vie, comment les questions auxquelles ils m'avaient confronté ont entrainé des réflexions et des découvertes dépassant tout ce que j'avais pu imaginer.

Et qui sait, peut-être que, cette nuit-là, je passerai la soirée à parler avec quelqu'un qui s'était lui aussi perdu et qui avait abouti au *Why Café*. Ou peut-être que, alors, j'écrirai simplement un livre sur mon aventure et que ce sera ma contribution à la mission du *Why Café*.

 **Un**

J'avançais si lentement sur l'autoroute que, à côté de mon rythme, la marche aurait eu des allures de course automobile. Après une heure à rouler pare-chocs contre pare-chocs, la circulation s'était complètement immobilisée. J'ai pressé le bouton de recherche sur la radio en espérant trouver un quelconque signe de vie intelligent. Mais rien!

Après une vingtaine de minutes de complète immobilisation, les gens avaient commencé à sortir de leur automobile. Cela ne changeait rien à la situation, mais au moins, chacun pouvait se plaindre à quelqu'un d'autre en dehors des autos, ce qui était finalement un changement plutôt agréable.

Le propriétaire de la fourgonnette devant moi répétait sans cesse que sa réservation à l'hôtel serait annulée s'il ne s'y présentait pas avant dix-huit heures. La femme dans le cabriolet sur ma gauche se plaignait sur son téléphone cellulaire de l'inefficacité du réseau routier entier. Derrière moi, dans une voiture bondée, des jeunes joueurs de baseball étaient sur le point de rendre folle leur surveillante. Je pouvais presque entendre cette femme penser que c'était la dernière fois qu'elle se portait volontaire pour quoi que ce soit. Pour tout dire, j'étais un petit maillon d'une longue chaîne de mécontentement.

Finalement, après vingt-cinq minutes de plus à attendre sans aucun signe de reprise de la circulation, une auto-patrouille de la police s'est avancée sur l'allée gazonnée au milieu de l'autoroute. Tous les trois cents mètres, l'auto-patrouille s'arrêtait, probablement pour informer les gens de l'état de la situation.

« Pour leur sécurité, j'espère que ces officiers ont avec eux leur tenue antiémeute », ai-je pensé.

Débordant d'impatience, nous attendions que l'auto-patrouille arrive jusqu'à nous. Lorsqu'elle fut enfin à notre hauteur, l'officier nous a annoncé qu'un camion citerne rempli d'un produit potentiellement toxique s'était renversé, à quelques kilomètres plus loin, et que la route était complètement fermée. L'officier expliqua que nos options étaient de faire demi-tour et de trouver une route secondaire – ou d'attendre que tout soit nettoyé, ce qui prendrait probablement une autre heure.

J'ai regardé l'officier s'arrêter devant un autre groupe de conducteurs désemparés. Lorsque le gars à la fourgonnette répéta une fois de plus ses inquiétudes au sujet de sa réservation de dix-huit heures, j'ai décidé que ma patience avait atteint sa limite.

« C'est exactement le genre de situation qui semble toujours se produire lorsque j'essaie de m'évader pour un temps », ai-je maugréé.

J'ai expliqué à mes nouveaux amis, dont l'amitié tenait principalement à la proximité, tout comme dans l'enfance, que ma frustration avait atteint un seuil limite et que j'essaierais de trouver une autre route. Après un dernier commentaire au sujet de sa réservation de dix-huit heures, le conducteur de la fourgonnette déplaça légèrement son véhicule pour me permettre de sortir du rang et de traverser la voie gazonnée du milieu. Puis, je suis reparti dans la direction opposée.

DEUX

Avant de quitter pour mon voyage, j'avais imprimé l'itinéraire que j'avais trouvé sur Internet. À ce moment-là, ça m'apparaissait comme une brillante idée. « Pas besoin de carte routière, m'étais-je dit, tout ce que j'ai à faire est de suivre les indications imprimées sur l'itinéraire. » Mais après avoir fait demi-tour, mes atlas routiers, qui habituellement m'accompagnaient dans tous mes déplacements en auto, me manquaient terriblement.

Ma frustration grandissait à mesure que j'avançais en direction sud, alors que je savais que je devais me diriger vers le nord. Cinq kilomètres, sans aucune sortie, sont devenus dix kilomètres, puis vingt et puis trente.

« Et à quoi bon me servira de trouver une sortie puisque je n'ai aucune idée comment me rendre là où je veux aller », ai-je dit à voix haute, démontrant ainsi mon état d'esprit plutôt agacé. Finalement, un peu après trente kilomètres, une sortie apparut.

« Ce n'est pas croyable », ai-je pensé en me rendant au bout de la sortie. « Je me retrouve dans le seul endroit, probablement dans le monde entier, où il n'y a pas de station-service, de restaurant ou quelque chose d'autre à une sortie d'autoroute. »

J'ai regardé sur ma gauche. Il n'y avait absolument rien. Sur ma droite, la vue était tout aussi déserte.

« Eh bien, me suis-je dit, il semble que mon choix de direction n'aura pas une grande incidence. »

J'ai tourné à ma droite, gardant en mémoire que je me dirigeais maintenant vers l'ouest et qu'à la prochaine intersection, je devrais tourner à droite de nouveau. De cette façon, je me retrouverais au moins de nouveau en direction nord.

La route était à deux voies, l'une m'amenant plus loin de mon point de départ et l'autre me ramenant sur mes pas. Je n'étais vraiment pas certain de celle que j'étais mieux d'emprunter. La circulation sur cette route était presque absente. Les signes de civilisation l'étaient encore plus. J'ai croisé une maison perdue, quelques bâtiments de ferme et puis que des forêts et des champs.

Une heure plus tard, j'étais officiellement perdu. Les seules intersections que j'avais croisées étaient peu importantes et marquées de signaux qui vous indiquent immédiatement que vous êtes dans le trouble. Lorsque vous n'avez pas rencontré la moindre personne sur plus de cinquante kilomètres, et que la route sur laquelle vous roulez porte un nom qui commence par le mot « vieille », comme dans « vieille route 65 », le tableau s'annonce plutôt sombre.

À l'intersection suivante, qui ne s'avérait pas plus importante que les précédentes, j'ai tourné à droite. C'était un geste de désespoir. Au moins, je m'alignais sur la bonne direction de la boussole, même si je n'avais aucune idée vers où je me dirigeais. À mon désarroi, le nom de cette route commençait aussi par « vieille ».

Il approchait vingt heures et le soleil descendait à l'horizon. Plus la journée s'écoulait, plus ma frustration grandissait.

« J'aurais dû rester sur l'autoroute », dis-je dans un élan de colère. « J'étais furieux de perdre une heure et voilà que j'en ai gaspillé deux sans avoir la moindre idée d'où je suis. »

J'ai donné un coup de poing sur le toit de la voiture, comme si l'auto avait quelque chose à voir avec ma situation ou comme si ça pouvait changer quelque chose.

Quinze, vingt, vingt-cinq kilomètres de plus et toujours rien. Il restait moins que la moitié d'essence dans le réservoir. À partir de cet instant, faire demi-tour ne s'avérait plus une option. Avec l'essence qui restait, je ne pourrais pas rejoindre mon point de départ, en supposant que j'aurais retrouvé cet endroit. Et même si j'avais réussi, je n'avais pas croisé une seule station-service sur toute la route.

Ma seule option était de persévérer dans la même direction en espérant finir par trouver un endroit pour faire le plein et manger un peu.

Mon degré de frustration allait dans le sens opposé de l'indicateur du niveau d'essence.

J'avais entrepris ce voyage pour fuir la frustration. Je ressentais déjà beaucoup de frustrations par rapport à mon travail, à mes factures à payer et, d'une certaine façon, à la vie en général. Je n'avais pas besoin de frustration supplémentaire, surtout pas en voyage! Ce voyage devait être l'occasion pour moi de relaxer et de « recharger mes piles ».

« Quelle expression étrange », ai-je pensé. « Recharger mes piles, *burn-out*, recharge, *burn-out*, recharge. Comment est-ce que tout cela peut évoluer d'une façon positive? »

Le soleil était maintenant descendu plus bas que la cime des arbres et le crépuscule enveloppait la région. Des reflets roses et orangés sur les nuages témoignaient des derniers rayons de soleil, bien que je remarquais peu le ciel, étant principalement concentré sur la route et sur ma situation qui se dégradait. Et toujours aucun signe de vie à l'horizon.

J'ai jeté un coup d'œil à l'indicateur du niveau d'essence. « Moins du quart du réservoir, et après, ce sera la panne », dis-je à voix haute.

La dernière fois que j'avais dormi dans mon auto remontait à l'époque du collège. C'était il y a longtemps déjà et je n'avais vraiment pas prévu recréer cette situation. Malheureusement, cette possibilité devenait de plus en plus réelle.

« J'aurais besoin de dormir, ai-je pensé, ainsi, j'aurais ensuite suffisamment de force pour marcher et trouver de l'aide lorsque l'auto sera en panne sèche. »

 **TROIS**

C'est lorsque l'aiguille de l'indicateur d'essence descendit sous la ligne rouge que j'ai vu la lumière. Absorbé par la stupidité de la situation, j'avais tourné à gauche à une intersection quelques kilomètres auparavant. Rien indiquait que mes chances de trouver quelqu'un seraient meilleures en empruntant ce virage, mais je m'y étais engagé quand même. Au moins, c'était une route dont le nom ne commençait pas par le mot « vieille », et ce fut suffisant pour que je la suive.

« Un geste de désespoir qui semble être profitable », ai-je dit à voix haute.

En approchant de la lumière, j'ai pu voir qu'elle provenait d'un lampadaire de rue. Un simple lampadaire, brillant, dans un lieu si éloigné qu'il semblait être au milieu de nulle part.

« S'il vous plaît, faites qu'il y ait quelque chose là », répétais-je comme un mantra tout en roulant le quart de kilomètre qui me séparait du lampadaire. Et Dieu soit loué, il y avait quelque chose.

Une fois rendu au lampadaire, j'ai quitté la route et me suis garé dans un stationnement de gravier. À mon grand étonnement, devant moi se trouvait une petite bâtisse blanche et rectangulaire avec une enseigne au néon bleu sur le toit sur laquelle on pouvait lire « Le Why Café ». Tout aussi étonnant, trois autres autos étaient garées dans le stationnement. « Peu importe d'où viennent ces gens, ce n'est sûrement pas du même endroit que moi », ai-je pensé en songeant que je n'avais vu personne sur la route depuis au moins la dernière heure. « Et c'est une bonne chose. J'espère qu'ils savent comment quitter cette région, quelle qu'elle soit. »

Je suis descendu de l'auto et j'ai étiré mes bras au-dessus de ma tête à quelques reprises pour chasser les raideurs de mon corps. Puis, j'ai marché jusqu'à l'entrée du bâtiment. Le ciel était noir, sauf pour un large croissant de lune et des milliers d'étoiles. En ouvrant la porte du café, de petites clochettes attachées au cadre de porte supérieur ont annoncé mon arrivée.

Je fus surpris par des effluves appétissants qui venaient jusqu'à moi. Je n'avais pas réalisé jusque-là à quel point j'étais affamé. Je ne pouvais pas dire exactement

de quel mets provenaient de tels arômes, mais je planifiais en commander trois assiettes, peu importe ce que
c'était.

QUATRE

À l'intérieur, le café avait l'allure d'un restaurant du style rétro. Devant un long et étroit comptoir blanc, une série de tabourets chromés, aux coussins de cuirette rouge, étaient alignés. Devant la vitrine principale se trouvait une rangée de banquettes rouges, avec une table entre chaque section. Sur chaque table, on trouvait un sucrier en verre, un petit pichet argenté qui contenait, ai-je présumé, la crème à café et une salière et une poivrière assorties. Une vieille caisse enregistreuse reposait sur un comptoir près de la porte où l'on retrouvait également une patère en bois. L'endroit semblait agréable et confortable, du genre où vous avez le goût de vous y asseoir et de discuter pendant longtemps avec des amis. Malheureusement, je n'en avais aucun avec moi.

Une serveuse cessa de parler avec un couple à l'une des banquettes du fond. Elle me sourit et me dit : « Aucune place n'est réservée. Choisissez celle qui vous convient. » Je fis de mon mieux pour calmer mes frustrations toujours vives qu'avaient fait naître les quatre dernières heures et je me suis efforcé de lui rendre son sourire. Puis, j'ai choisi une banquette près de la porte. En me glissant sur le siège de cuirette rouge, j'ai remarqué à quel point il semblait neuf. J'ai jeté un coup d'œil tout autour et je fus étonné de constater que tout semblait neuf.

« Le propriétaire anticipe sans doute un développement urbain majeur pour avoir construit un café au milieu de nulle part », ai-je pensé.

« Bonjour. » Une voix vint interrompre mes réflexions sur les prix peu élevés des propriétés et les possibilités de développement immobilières dans le secteur. C'était la voix de la serveuse. « Je me nomme Casey. Comment allez-vous? »

« Bonjour, Casey. Je suis John, et je suis un peu perdu. »

« Oh, oui, vous l'êtes, John », répondit-elle avec un sourire espiègle.

De la façon dont elle me répondit, je ne pouvais pas dire si elle affirmait que j'étais John ou que j'étais perdu.

« Pourquoi êtes-vous ici, John? », demanda-t-elle.

« Eh bien, je roulais et j'ai fait face à quelques problèmes. J'ai essayé de m'en sortir, mais j'ai fini par me perdre. Et du coup, je suis presque tombé en panne sèche et j'ai failli mourir de faim. »

Casey afficha de nouveau son sourire espiègle alors que je finissais de raconter mes frustrations.

« Voyons voir, dit-elle, je suis sûre que nous pouvons vous éviter de mourir de faim. Pour le reste, nous verrons. »

Elle prit un menu du support près de la porte d'entrée et me le tendit. Je n'étais pas certain si c'était à cause de la lumière ou de la fatigue accumulée après avoir longtemps conduit l'auto, mais j'aurais pu jurer que les lettres sur le menu disparaissaient et réapparaissaient lorsqu'elle me tendit le menu.

« Je dois être vraiment fatigué », me suis-je dit en déposant le menu sur la table.

Casey retira un petit carnet de commande de sa poche. « Pourquoi ne pas commencer par quelque chose à boire pendant que vous regarderez le menu? », dit-elle. J'ai commandé un verre d'eau avec citron et elle partit me le préparer.

Cette journée m'avait apporté plus d'imprévus que je m'y attendais. D'abord, plusieurs heures de route au milieu de nulle part, puis un café au bout de nulle part et finalement une serveuse au sourire espiègle. J'ai pris le menu et lu la couverture.

« Bienvenue au Why Café » était inscrit sur la première moitié de la page. En dessous, en petites lettres noires, on pouvait lire : « Avant de commander, s'il vous plaît, informez-vous auprès de notre personnel sur le sens que pourrait avoir votre passage ici. »

« Eh bien, j'espère que ce sera d'avoir un bon repas », ai-je pensé tout en ouvrant le menu.

Le menu offrait l'assortiment de mets habituel d'un café. Les petits-déjeuners étaient inscrits à gauche, en haut; les sandwichs se trouvaient en bas, à gauche; les entrées et les salades étaient à droite, en haut, et les plats divers se trouvaient dessous. La surprise fut lorsque je fermai le menu. Au verso se lisaient trois questions inscrites sous le titre :

Points à méditer pendant que vous attendez :

- *pourquoi êtes-vous ici?*
- *avez-vous peur de la mort?*
- *êtes-vous pleinement épanoui?*

« Hum, ce n'est pas tout à fait comme feuilleter les pages sportives », me suis-je dit. J'étais sur le point de relire les trois questions lorsque Casey m'apporta mon verre d'eau.

« Est-ce que tout va bien? », demanda-t-elle.

J'ai retourné le menu et j'ai pointé le nom du café sur la couverture.

« Qu'est-ce que ça signifie? »

« Oh, il semble que chacun ait sa propre interprétation de ce nom, répondit-elle. En fait, la plupart des gens ici l'appellent le " Why " pour être plus bref. Et puis, qu'allez-vous commander? »

Je n'étais pas prêt à commander. J'étais quelque peu tenté de ramasser mon veston et de quitter, mais pour ce qui est de commander, je n'étais pas encore prêt. Cet endroit avait certainement quelque chose de différent, et je n'étais pas sûr que cette différence était positive. « Désolé, Casey. Je vais prendre encore quelques instants. »

« Très bien, répondit-elle. Prenez votre temps. Je reviendrai vous voir dans quelques minutes. »

 **CINQ**

J'ai regardé Casey se diriger vers le couple dans la banquette à l'autre bout du café. Arrivée à leur table, elle et le couple se sont mis à parler. Je ne sais pas sur quoi portait la discussion, mais elle semblait agréable car les trois souriaient et riaient.

« Peut-être que cette place n'est pas si mal après tout; ai-je pensé. Peut-être que je devrais commander quelque chose au menu. »

J'ai porté mon attention sur le menu. « Il n'y a pas vraiment d'autres options, me suis-je avoué. Je suis presque en panne sèche, il semble qu'il n'y a aucun autre endroit pour manger dans un rayon de 250 kilomètres, et bien que cette place m'apparaisse quelque peu étrange, rien de trop inhabituel ne s'est produit jusqu'ici. »

Cette mise au point a calmé mes inquiétudes quelque peu. Et lorsque j'ai vu Casey aller vers la cuisine et en

revenir avec deux pointes de tarte à la fraise et à la rhubarbe, mes inquiétudes s'étaient évaporées encore un
peu plus. J'adore la tarte à la fraise et à la rhubarbe et je
n'en avais pas mangé depuis des années. Je me suis dit
que s'il y avait ce genre de tartes ici, peut-être était-ce
un quelconque signe que je devais y rester quelques
moments.

Mises à part les étranges questions, les mets proposés au menu me semblaient très bien. J'ai opté pour
l'assiette du petit-déjeuner, même si les heures habi-
tuelles pour commander un petit-déjeuner étaient déjà
loin derrière. Casey discutait toujours avec le couple.
Puisque mon choix était fait, j'ai retourné le menu.

Pourquoi êtes-vous ici?

Ça me semblait une bien étrange question à poser à
un client d'un restaurant. Ne devrait-on pas déjà savoir
pourquoi quelqu'un vient à son restaurant? Les gens qui
y viennent ne devraient-ils pas déjà savoir pourquoi ils
choisissent ce restaurant? Je n'étais pas certain de vraiment comprendre la question.

Pourquoi êtes-vous ici?

Le retour de Casey à ma table me sortit de mes réflexions.

« Êtes-vous prêt à commander? », me demanda-t-
elle. J'étais sur le point de répondre oui lorsque je me

suis souvenu du message sur la couverture du menu et qui incitait le client à s'informer auprès du personnel sur le sens que pourrait avoir notre passage dans l'établissement.

« Je crois que oui », ai-je répondu. Puis, j'ai pointé le message et j'ai demandé : « De quoi devrais-je être informé au juste? »

« Oh, ça? », a-t-elle répondu en souriant de nouveau.

Je commençais vraiment à aimer sa façon de sourire.

« Avec les années, nous avons remarqué que les gens étaient différents après avoir passé quelques instants ici, dit-elle. Alors, maintenant, nous essayons de leur faciliter l'apprentissage de l'expérience du *pourquoi êtes-vous ici?* Nous leur parlons un peu de ce à quoi ils peuvent s'attendre, au cas où ils ne seraient pas tout à fait prêts à vivre l'expérience. »

J'étais complètement confus. Je ne savais pas si l'on parlait alors de la nourriture, d'une évaluation du café de la part du client ou de quelque chose d'autre.

« Si vous préférez, dit-elle, je peux donner votre commande au cuisinier et lui demander son avis sur ce qui pourrait être le mieux. »

« Bien sûr », ai-je répondu, encore plus confus. « Enfin, je crois que oui. Je vais prendre l'assiette du petit-déjeuner. Je sais que ce n'est pas l'heure du petit-déjeuner, mais est-ce que je peux tout de même commander ce mets? »

« C'est ce que vous voulez? », demanda-t-elle.

« Exactement. »

« Alors, je suis persuadée qu'il n'y aura pas de problème. Après tout, nous sommes plus près du petit-déjeuner de demain que du lunch d'aujourd'hui. »

J'ai jeté un coup d'œil à ma montre. Il était 22 h 30. « C'est une façon intéressante de considérer la situation », lui ai-je fait remarquer.

Casey a souri. « Parfois, ça aide de considérer les choses sous une perspective différente. »

Elle a noté ma commande et est repartie. Je l'ai regardée marcher jusqu'à la cuisine. J'ai remarqué soudain qu'elle avait laissé le menu sur la table.

SIX

Comme Casey approchait du comptoir de commandes
– une ouverture dans le mur qui donnait sur la cuisine – j'ai remarqué pour la première fois qu'un homme
se tenait derrière. Il tenait une cuillère de bois dans une
main et, de toute évidence, il était la personne respon-
sable de la cuisine. Une fois au comptoir, Casey dit quelque
chose à l'homme. Il m'a regardé. Comme je le regardais
aussi, il m'a souri et m'a fait un signe de la main.

Je l'ai salué de la main à mon tour, tout en me sentant
quelque peu ridicule. Je n'ai pas l'habitude de saluer de
la main les cuisiniers dans les cafés. Casey et l'homme
ont discuté quelques minutes, puis Casey a accroché ma
commande au petit support circulaire et elle est revenue vers ma table.

L'homme a fait tourner le support jusqu'à ce que la
commande soit devant lui. Il l'a regardée un instant puis
l'a prise et l'a apportée dans la cuisine.

Je me suis de nouveau concentré sur le verso du menu. Comme je relisais la première question – *pourquoi êtes-vous ici?* – Casey revint à ma table et s'assit sur la banquette devant moi.

« C'est Mike, dit-elle. Il est le propriétaire du café et il fait toute la cuisine lui-même. Il m'a dit qu'il viendrait vous voir dès qu'il le pourrait. Je lui ai parlé de votre commande. Il m'a dit que c'était vraiment une assiette gigantesque, mais que vous seriez sans doute capable de passer au travers. »

« C'est un style de service. »

« Nous pensons que oui », répondit-elle en souriant. « Pour en revenir à ça », dit-elle en pointant la couverture du menu où il y était inscrit de s'informer auprès du personnel sur le sens du séjour au café, « ça fait référence à la question que vous relisez depuis tout à l'heure au dos du menu. »

J'ignorais comment elle savait que je relisais cette question, mais je n'ai rien répondu.

« Vous voyez, dit-elle, c'est une chose de regarder la question. C'en est une autre de la modifier. »

« Que voulez-vous dire? »

« Ça peut sembler simpliste et on peut penser que ça n'a pas d'impact, continua-t-elle, mais si vous modifiez juste quelques lettres dans la question, ça change quelque chose. »

« Ça change quelque chose comme quoi? Que je ne pourrai pas manger ici ou que je devrai commander autre chose? »

« Non », dit-elle en devenant plus sérieuse. « Des changements plus importants. »

Je ne voyais vraiment pas où elle voulait en venir, mais de toute évidence, elle ne blaguait pas. « Je ne suis pas sûr de comprendre. »

Casey désigna de nouveau le menu du doigt. « Si vous modifiez la question de sorte qu'elle ne soit plus posée à quelqu'un d'autre, mais qu'elle s'adresse à vous, vous ne serez plus jamais la même personne. »

J'étais abasourdi. Plus jamais la même personne? Qu'est-ce que ça voulait dire? Soudainement, je me suis senti comme si je me tenais au bord d'une haute falaise. Et je n'étais pas certain si Casey m'expliquait qu'un pas dans une direction signifiait la mort immédiate ou le bonheur éternel.

« Ça ressemble à ça, mais un peu moins radical », dit-elle en souriant.

Avant que je n'aie pu lui demander comment elle avait su ce que je pensais, elle a repris : « Laissez-moi vous montrer sans vous faire faire le pas. Lisez la question sur le menu, mais de façon détachée, comme si vous jetiez un œil à la une d'un quotidien. »

Je regardai le menu. À ma grande surprise, la question n'était plus *pourquoi êtes-vous ici?* Elle était maintenant la suivante : *pourquoi suis-je ici?* Mais dès que j'eus fini de la lire, la question redevint *pourquoi êtes-vous ici?*

« Qu'est-ce qui s'est passé? », dis-je tout étonné. « Est-ce que le menu a vraiment changé? Comment avez-vous fait cela? »

« John, je ne suis pas certaine que vous êtes prêt à entendre la réponse. »

« Que voulez-vous dire? Comment avez-vous fait cela? Comment avez-vous fait pour modifier le menu? » Dès lors, j'étais totalement confus par rapport à ce qui se déroulait dans ce café et je n'étais plus sûr du tout de vouloir y rester et essayer de comprendre. Casey recapta mon attention avec une question.

« John, avez-vous noté quel changement s'est fait dans le texte sur le menu? »

« Absolument! C'était une question différente lorsque je l'ai lue puis la question est revenue comme elle était auparavant. Pourquoi? Et comment cela s'est-il produit? »

Casey a retourné le menu et a pointé le texte imprimé sur la couverture : *Avant de commander...*

« C'est ainsi, John, a-t-elle poursuivi. La question que vous avez vue, celle qui était différente... »

« Celle qui demandait *pourquoi suis-je ici?* », inter-rompais-je.

« Oui, celle-là. Ce n'est pas une question à prendre à la légère. Y jeter un œil est une chose. Mais lorsque vous vous y attardez et que vous la voyez vraiment, et qu'en plus vous vous la posez à vous-même, alors votre monde change. Je sais que ça semble radical. C'est pour cette raison que nous avons mis le message sur la couverture du menu. »

 **SEPT**

La situation dans laquelle je me trouvais me semblait des plus ridicules. J'étais dans un café, au milieu de la nuit, au milieu de nulle part, en train de discuter au sujet de messages imprimés sur les menus pour permettre aux clients de composer avec les changements dans leur vie. J'ignorais toutefois que ce n'était que le début de ce que la soirée me réservait.

« Vous voyez, reprit Casey, une fois que vous vous êtes posé la question, la quête de la réponse fera partie de vous et de votre vie. Vous vous surprendrez à vous éveiller le matin en pensant à la question, et elle vous reviendra en tête constamment durant la journée. Et même si vous pouvez peut-être ne pas vous en souvenir, vous y penserez aussi lorsque vous dormirez. C'est un peu comme une porte. Lorsque vous l'ouvrez, ce qu'il y a derrière vous attire. Et une fois que la porte est ouverte, il est très difficile de la refermer. »

Je commençais à saisir que la question sur le menu avait une signification plus profonde que je ne l'avais cru en la lisant la première fois. À entendre Casey en parler, je doutais maintenant que la question servait à savoir pourquoi les gens venaient au café.

« C'est exact », dit Casey en interrompant mes pensées. « La question ne concerne pas du tout le café. Elle demande aux gens pourquoi ils existent, tout simplement. »

Je me calai dans la banquette, complètement ahuri. « Quelle sorte de place est-ce donc ici? », ai-je demandé tout étonné.

J'ai regardé Casey. « Tout cela ne me dit rien de bon », lui ai-je dit tout en essayant de rassembler mes idées. « Si ce que vous avez dit au sujet des portes et des choses qui vous reviennent constamment à l'esprit chaque jour est vrai, je ne suis pas sûr de comprendre pourquoi quelqu'un se poserait cette question. Je ne me la suis jamais posée et je me porte bien. »

Casey déposa le menu sur la table. « Ah oui? fit-elle. Vous êtes vraiment bien? »

Elle avait dit le mot « bien » avec un brin de moquerie amicale, comme si elle me défiait de définir ce mot. « Beaucoup de gens se portent bien. Mais certains cherchent à être plus que bien, ils cherchent à être épanouis. »

« Et alors, ils viennent au Why Café? » demandais-je sarcastiquement.

« Quelques-uns le font », répondit-elle d'une voix calme et douce. « Est-ce pour cela que vous êtes ici? »

Sa question m'a décontenancé. Je ne savais pas quoi y répondre. Je ne savais pas vraiment ce que je faisais là, pourquoi j'y étais. Je n'étais même pas sûr de comprendre quelle était cette place.

Si j'avais été totalement honnête envers moi-même, j'aurais admis que, depuis des années, je me demande s'il n'y a pas plus dans la vie que ce que j'ai connu. Ce n'est pas que la vie avait été si difficile jusque-là. Bien sûr, j'avais connu des moments de frustration, surtout dernièrement, mais j'avais un emploi décent et de bons amis. La vie était bien, parfois même bonne. Pourtant, il y avait toujours, dans un recoin de mon esprit, un sentiment que je ne pouvais pas expliquer.

« Ce sentiment est la raison pour laquelle les gens se posent la question que vous avez vue », dit Casey.

J'étais sidéré. Pas seulement parce qu'elle semblait avoir lu dans mes pensées une fois de plus, mais aussi parce que je réalisais qu'elle pouvait avoir raison. J'ai décidé de mettre mes angoisses de côté pour quelques instants et j'ai voulu mieux comprendre ce que Casey cherchait à m'expliquer.

« Casey, pouvez-vous m'en dire davantage sur la question? »

« Eh bien, comme je le disais, se poser la question ouvre une sorte de porte, un passage. L'esprit de la personne, ou son âme ou peu importe comment vous le nommez, voudra chercher la réponse. La question sera à l'avant-plan de l'existence de cette personne jusqu'à ce qu'elle trouve la réponse. »

« Est-ce que vous voulez dire qu'une fois qu'une personne se pose la question *pourquoi suis-je ici?*, elle n'est plus capable de l'ignorer? », demandai-je.

« Non, ce n'est pas qu'elle ne pourra plus l'oublier. Certaines personnes y jettent un coup d'œil, parfois même la regardent vraiment, et puis l'oublient. Pour ceux qui se posent la question et qui, à un niveau ou à un autre, désirent connaître la réponse, ignorer la question devient très difficile. »

« Supposons qu'une personne se pose la question et trouve la réponse, qu'arrive-t-il par la suite? », ai-je demandé.

« Eh bien, c'est à la fois une bonne nouvelle et un défi », répondit-elle en souriant. Puis, elle reprit :

« Comme je l'ai mentionné, poser la question crée l'élan pour trouver la réponse. Lorsque quelqu'un trouve la réponse, une force aussi puissante émerge. Voyez-vous, dès qu'une personne sait pourquoi elle est ici, pourquoi elle vit, quelle est sa raison d'exister, elle voudra accomplir cette raison d'être. C'est comme savoir où se trouve le X indiquant un trésor sur une carte. Une fois que vous avez vu le X, il est difficile de l'ignorer. Il est encore plus difficile de ne pas aller chercher ce trésor. Une fois que quelqu'un sait pourquoi il est ici, ce sera émotivement et physiquement plus difficile de ne pas réaliser sa raison d'être. »

Je me suis de nouveau calé dans mon siège, essayant d'intégrer tout ce que Casey m'expliquait.

« Donc, connaître la réponse peut véritablement rendre les choses plus difficiles, ai-je repris. Comme je le disais tout à l'heure, une personne est peut-être mieux de ne jamais se poser la question. Elle pourrait tout simplement continuer sa vie comme auparavant et retenir le génie dans la lampe, si je peux dire. »

Casey m'a regardé.

« Certaines personnes choisissent de le faire. Rendu à ce point, il appartient à chacun de décider pour lui-même. »

Je n'étais pas certain de ce que je devais faire ou dire, ou même penser. « C'est très confrontant », ai-je fait remarquer.

« Confrontant? J'espère que non. Je préfère dire que c'est stimulant, corrigea Casey. Vous savez, ce sentiment que vous décriviez plus tôt? Ce n'est pas quelque chose qu'on vous a dit de faire ni imposé, et si vous décidiez, à un moment ou à un autre, de l'oublier et de ne plus vous en préoccuper, ce sera votre décision, la vôtre, uniquement. »

Sur ce, elle se leva. « En parlant d'oubli, je vais aller voir où en est votre déjeuner spécial. »

J'avais complètement oublié ce que j'avais commandé. Maintenant qu'elle me l'avait rappelé, je reprenais lentement conscience que j'étais toujours dans un café et que j'étais encore affamé.

 **HUIT**

Mon esprit roulait à plein. J'ai regardé le menu et relu la première question.

Pourquoi es-tu ici?

Elle avait maintenant une tout autre signification que la première fois où je l'ai lue. J'essayais de me souvenir des mots exacts que Casey avait utilisés. « Elle demande aux gens pourquoi ils existent... »

Sans que je puisse l'expliquer, je me sentais poussé à poser la question que j'avais brièvement lue sur le menu lorsque Casey me parlait. Je m'en souvenais.

Pourquoi suis-je ici?

Je me souvenais aussi des commentaires de Casey au sujet de ce qui pouvait survenir lorsqu'on se pose vraiment cette question.

« C'est totalement idiot », me suis-je dit en me frottant les yeux. « Tout ce dont j'ai besoin, c'est manger, faire le plein d'essence et me trouver un endroit pour me tapir quelques heures. Pourquoi perdre mon temps à songer à toutes ces choses? »

J'ai bu d'une traite la moitié de mon verre d'eau. Comme je reposais le verre sur la table, j'ai remarqué que Mike était venu vers moi avec un pichet d'eau à la main.

« Est-ce que je peux vous en servir de nouveau?, demanda-t-il. « Vous semblez avoir une de ces soifs et j'ai pensé que vous voudriez un peu plus d'eau. »

J'ai accepté son offre et il a rempli mon verre. « Je m'appelle Mike », dit-il.

« Heureux de vous rencontrer, Mike. Je suis John. » Je me suis levé et nous nous sommes serré la main.

« Est-ce que ça va, John? Vous me sembliez plutôt perdu dans vos pensées pendant que je m'approchais. »

« C'est à peu près cela », ai-je répondu en me rassoyant. « Casey m'a expliqué ce que le texte imprimé sur le menu signifiait. J'essaie encore de comprendre et de voir si cela signifie quelque chose pour moi. »

En finissant de parler, j'ai réalisé que Mike n'avait peut-être pas la moindre idée de ce dont Casey et moi avions parlé. Même s'il était le propriétaire, peut-être

Casey était-elle celle qui avait eu l'idée des questions et des textes sur le menu. Mais il enchaîna rapidement.

« Ouais, c'est une question difficile, en effet. Les gens y sont confrontés à des moments différents de leur vie. Certains la résolvent lorsqu'ils sont jeunes, d'autres lorsqu'ils sont vieux, et certains n'y répondent jamais. C'est aussi drôle que cela. »

Puisque Casey et moi avions déjà commencé à discuter des différents aspects de la question et que Mike semblait comprendre de quoi il en retournait, j'ai pensé que je ferais peut-être mieux de lui poser la question qui me trottait dans la tête.

« Mike, Casey m'a expliqué les difficultés de ramifications que la question suscite lorsqu'une personne se la pose directement », commençais-je en pointant le menu. « Mais je me demande ce qu'ils font ensuite? »

Mike jeta un coup d'œil au menu. « Voulez-vous dire après qu'ils se soient posé la question ou après qu'ils aient trouvé la réponse? »

Je fis une pause de quelques secondes en réfléchissant à sa question. « Dans les deux cas, en fait, Casey ne m'a pas donné beaucoup de détails sur la façon de trouver la réponse ni sur ce que font les gens une fois qu'ils reconnaissent la réponse. Elle m'a à peine parlé de comment se sentent les gens lorsqu'ils connaissent leur réponse. »

« Eh bien, pour ce qui est de comment trouver la réponse, je ne crois pas qu'il y ait une seule méthode. Chacun de nous aborde la vie à sa façon. Je peux vous confier quelques techniques que des gens que je connais ont utilisées pour trouver leur réponse. »

J'étais sur le point de répondre, mais je me suis retenu et j'ai réfléchi quelques instants. J'avais le pressentiment que d'avoir plus d'informations sur comment trouver la réponse à la question me rendrait la tâche de l'ignorer encore plus difficile.

« C'est vrai, dit Mike. C'est la même théorie que celle que Casey a dû vous expliquer. »

J'étais plus ou moins surpris de constater que lui aussi pouvait savoir ce à quoi je pensais avant même que je ne l'exprime verbalement.

Je n'étais pas certain de vouloir apprendre comment les autres s'y étaient pris pour trouver leur réponse. Après tout, je n'étais même pas certain de vouloir poser la question.

« Mike, qu'en est-il de l'autre portion de mon interrogation? Que font les gens lorsqu'ils connaissent la réponse à la question? »

Mike a souri.

« Vous savez quoi? Je vais aller voir si votre commande est prête et, à mon retour, je vais vous répondre. »

Quelques instants plus tard, il est revenu avec un plateau rempli d'assiettes.

« C'est tout à moi? », ai-je demandé en cherchant quels paragraphes descriptifs au sujet de mon mets j'avais oublié de lire sur le menu.

« Absolument. Une assiette petit-déjeuner avec omelette, rôties, jambon, bacon, fruits frais, patates hachées, biscottes et crêpes. »

J'ai regardé autour pour voir s'il n'y avait pas trois autres personnes désireuses de se joindre à moi.

« De plus, nous avons de la gelée pour les rôties, du sirop pour les crêpes, du miel pour les biscottes et notre salsa spéciale aux tomates pour l'omelette. Je suis content de savoir que vous êtes affamé! »

« Je ne pense pas que quelqu'un puisse être aussi affamé », ai-je dit.

« Vous pourriez être surpris, John. Parfois, on ignore à quel point nous sommes prêts pour quelque chose de nourrissant. »

Mike disposa les assiettes sur la table.

« John, je dois aller parler au couple à l'autre bout du café pour quelques instants. Mais je vais revenir et nous pourrons poursuivre notre conversation si cela vous convient. »

« Bien sûr », ai-je répondu en fixant les plats devant moi. « Aucun problème. »

 **NEUF**

J'ai commencé à m'attaquer à mon petit-déjeuner. Déjà, je gagnais du terrain sur l'omelette, les rôties et les fruits lorsque Casey s'approcha.

« Est-ce que ça va, John? »

J'ai levé l'index, signe universel qui veut dire : « J'en ai mis plus dans ma bouche qu'une personne normale penserait humainement possible de faire et je m'en sors lentement, alors s'il vous plait, donnez-moi un instant. » Quelques secondes plus tard, j'étais capable de répondre à Casey.

« Ça va bien, très bien. La nourriture est excellente. »

« Vous semblez être dans de meilleurs états d'esprit. »

Je l'étais, en effet. La frustration qui m'avait envahi lorsque je suis arrivé au café avait presque entièrement disparu. Je m'étais tellement concentré sur la question *pourquoi êtes-vous ici?* et sur les discussions qui s'en sont suivies que tout le reste était devenu secondaire. Une délicieuse omelette n'avait pas nui non plus.

« Préférez-vous terminer votre repas seul ou préférez-vous avoir de la compagnie? », demanda Casey.

« Avoir de la compagnie, assurément! En fait, j'aimerais poursuivre la discussion que nous avions un peu plus tôt. Je demeure confus par rapport à certaines choses. »

« Qu'est-ce que je peux clarifier pour vous? », s'enquit Casey.

« Eh bien, c'est au sujet de la question sur le menu. Lorsqu'une personne se demande pourquoi elle est ici et qu'elle trouve la réponse, que fait-elle avec cette connaissance? »

Casey demeura silencieuse quelques instants. « Premièrement, commença-t-elle, elle peut en faire ce qu'elle veut. Elle l'a découverte et ça lui appartient. Elle a le dernier mot à propos de ce qui doit être fait. »

J'ai considéré son commentaire quelques instants. « Je suppose que si les gens trouvent la raison pour laquelle ils sont ici, ils voudront trouver la meilleure façon de réaliser cette raison d'être. La question est comment s'y prennent-ils? » J'ai regardé Casey et j'ai eu l'impression qu'elle savait quelque chose, mais qu'elle attendait que je le découvre par moi-même.

« C'est un truc individuel », dit-elle.

Je l'ai regardée. « Un indice peut-être? »

« Peut-être qu'un exemple vous serait utile », répondit-elle.

« Supposez que vous vouliez devenir un artiste dans vos moments libres. Quelle sorte d'art créeriez-vous? »

J'y ai pensé un moment. « Je ne sais pas. Je suppose que ça dépendrait de quel genre d'artiste je voudrais être. Je crois que je créerais tout simplement ce que je veux créer, peu importe ce que ce serait. » Je me suis tu et j'ai attendu son commentaire. Elle n'en fit aucun. Alors, j'ai réfléchi à ma réponse.

« Est-ce aussi simple? », demandai-je. « Une fois que les gens savent pourquoi ils sont ici, ils font ce qu'ils veulent pour réaliser cette raison d'être. »

En disant ces mots, j'ai ressenti une sensation d'excitation parcourir mon corps. C'est comme si je venais de comprendre quelque chose d'unique et d'important, et que mon corps me le confirmait. Ça semblait si simple, presque trop beau pour être vrai. Fais tout ce que tu veux pour réaliser la raison pour laquelle tu es ici.

« Donc, si la raison pour laquelle je suis ici est d'aider les gens, alors je devrais faire ce que je veux, peu importe ce que c'est, qui s'accordera à ma définition de l'aide aux gens? », demandai-je avec empressement, laissant le concept mûrir en moi.

« Exactement, répondit Casey. Si aider les gens signifie pour vous de joindre les rangs des professionnels de la médecine, vous devriez le faire. Si ça signifie de bâtir des refuges dans des régions défavorisées, alors faites-le. Ou peut-être sentirez-vous que devenir un comptable et aider les gens avec leurs impôts est la façon dont vous voulez aider les autres. Alors, c'est ce que vous devriez faire. »

Mon esprit s'agitait. Je n'avais jamais envisagé les choses de cette façon auparavant. J'avais passé la majeure partie de ma vie à prendre des décisions selon d'autres raisons, comme les conseils de ma famille, la pression culturelle et l'opinion des gens. Ce qui m'était maintenant proposé était différent. « Et si j'étais ici pour expérimenter une vie de millionnaire? »

« Alors, vous devriez faire tout ce qui correspond à votre définition de ce qu'est un millionnaire, répondit-elle. Si ça signifie interagir avec des millionnaires, faites-le. Si ça signifie travailler jusqu'à temps d'avoir un million de dollars, faites-le. Comme dans chaque exemple, c'est à vous de choisir. »

« Être un millionnaire... Je trouve que ça sonne bien », dis-je de plus en plus excité. « Je pourrais acheter quelques nouvelles autos, peut-être même deux ou trois maisons. »

La voix de Casey devint posée. « Est-ce pour cela que vous êtes ici? »

Sa question freina la course de dérapage de mon esprit.

« Je ne sais pas. »

« Mike et moi utilisons un petit acronyme, dit-elle. Ça fait référence à la question que vous avez vue brièvement sur le menu. »

J'ai regardé le menu et lu la première question.

Pourquoi êtes-vous ici?

« Lorsqu'une personne connaît la raison pour laquelle elle est ici, elle a déterminé sa raison d'être. Nous disons alors RDE pour faire plus court. Durant sa vie, une personne peut s'apercevoir qu'elle veut faire dix, vingt ou cent trucs différents pour réaliser sa raison d'être. Et elle peut tous les faire. Nos clients les plus épanouis sont ceux qui connaissent leur RDE et qui essaient toutes les activités susceptibles de les aider à réaliser leur raison d'être. »

« Et vos clients les moins épanouis? », ai-je demandé.

« Ils font beaucoup de choses eux aussi », dit-elle.

Elle fit une pause. Je dis tout haut la pensée qui a jailli dans mon esprit : « Ils font beaucoup de choses qui ne sont pas reliées à leur RDE. »

Casey sourit, et j'ai réalisé que c'était l'une des conclusions que je devais trouver par moi-même.

« Casey, si je me pose la question et qu'éventuellement je détermine ma raison d'être, comment puis-je apprendre ce qui me permettra de la réaliser? Je veux dire, ça peut être des gens, des voyages, des activités, des apprentissages et bien d'autres choses. Ça me semble un peu déroutant. »

Elle m'a répondu par une question. J'avais remarqué qu'elle répondait souvent par une question. « John, supposons que vous avez établi que votre raison d'être est de savoir comment construire des autos. Si vous décidiez de réaliser cette RDE, que feriez-vous? »

J'ai réfléchi un moment. « Je suppose que je me procurerais beaucoup de livres sur les autos, peut-être que je visiterais des usines où l'on construit des autos, ou bien je joindrais des gens qui ont déjà construit des autos afin d'obtenir leurs conseils. J'essaierais peut-être aussi d'obtenir un emploi sur une chaine de montage automobile. »

« Resteriez-vous à une seule place? »

J'ai réfléchi de nouveau. « Non, si je voulais vraiment apprendre comment construire une automobile, je crois que je visiterais différentes usines dans le monde. De cette façon, je n'apprendrais pas qu'une seule façon. Pour répondre à ma propre question, je pense qu'une personne apprend tout ce qu'elle a besoin de savoir sur ce qui lui permettra d'atteindre sa raison d'être en explorant et en essayant plein de trucs reliés à sa RDE. »

« Exactement, dit Casey. Nous sommes tous limités par nos expériences et nos connaissances actuelles. Le mot important dans tout cela est " actuelles ". Plus que jamais, dans l'histoire de l'humanité, telle que nous la connaissons, chacun de nous a la chance d'être en contact avec de l'information, des gens, des cultures et des expériences de partout dans le monde. »

Casey continua.

« Lorsque nous essayons de trouver ce qui nous permettra de réaliser notre raison d'être, nos limites actuelles ne sont pas vraiment au niveau de l'accessibilité, mais beaucoup plus au niveau des limitations que nous nous imposons nous-mêmes. »

« Vous avez raison, ai-je acquiescé. Pourtant, il semble que je ne profite pas beaucoup de cette accessibilité. Lorsque je songe à la façon dont je passe mon temps, c'est à peu près toujours la même chose. »

« Pourquoi donc? », demanda-t-elle.

J'ai regardé le menu.

Pourquoi êtes-vous ici?

« Je crois que c'est parce que je ne connais pas la réponse à cette question », ai-je répondu en pointant le menu. « Ne sachant pas exactement pourquoi je suis ici ni ce que je veux faire, alors je ne fais que ce que la plupart des gens font. »

« Selon vous, est-ce que " faire ce que la plupart des gens font " vous permet de réaliser votre raison d'être? », demanda-t-elle.

 **DIX**

La question de Casey avait stimulé mon esprit. Est-ce que faire ce que la plupart des gens font me permet de réaliser ma raison d'être? Avant que je n'aie pu répondre, elle reprit la parole.

« Avez-vous déjà vu une tortue de mer verte, John? »

« Une tortue de mer? »

« Oui, reprit Casey, une tortue de mer. En particulier la grosse tortue de mer verte, celle avec des taches vertes sur ses nageoires et sur sa tête. »

« J'imagine que j'ai déjà dû en voir une en photo, répondis-je. Pourquoi? »

« Aussi étrange que cela puisse paraître, reprit Casey, j'ai appris d'une grosse tortue de mer verte l'une de mes plus importantes leçons de vie au sujet du choix des choses à faire chaque jour. »

« Qu'est-ce qu'elle vous a raconté? », ai-je demandé tout en étant incapable de réprimer un sourire.

« Très drôle », répondit-elle en souriant elle aussi. « La tortue n'a pas réellement "raconté" quelque chose, mais elle m'a tout de même donné un grand enseignement. Je pratiquais la plongée sur les côtes d'Hawaï. La journée avait été extraordinaire. J'avais vu une anguille tachetée de violet et une pieuvre, deux espèces que je n'avais jamais vues auparavant. J'avais aussi rencontré des milliers et des milliers de poissons de toutes les couleurs imaginables, à partir du bleu néon frappant au plus profondes teintes de rouge.

» J'étais à environ trente mètres de la plage et je plongeais au milieu d'énormes rochers. Soudain, sur ma droite, j'ai vu une grande tortue de mer verte nageant près de moi. C'était la première fois qu'il m'était donné d'en voir une dans son habitat naturel. J'étais littéralement en extase. J'ai remonté à la surface, évacué l'eau de mon tuba et je me suis laissée flotter sur l'eau, de sorte que je pouvais observer la tortue.

» Elle était juste en-dessous de moi et elle nageait en s'éloignant de la plage. J'ai décidé de demeurer à la surface et de l'observer quelques instants. À ma grande surprise, bien qu'elle paraissait se mouvoir plutôt lentement, parfois en donnant quelques coups de nageoire et parfois en se laissant porter par la mer, je n'arrivais pas à la suivre. Je portais des palmes qui me procuraient une certaine propulsion dans l'eau et je ne portais aucun gilet de sauvetage ni rien d'autre qui aurait pu me ralentir et, pourtant, la tortue s'éloignait de moi si j'essayais de la rattraper.

» Après une dizaines de minutes, elle m'avait semée. Épuisée et déçue, peut-être même un peu embarrassée de n'avoir pas pu suivre une tortue, j'ai fait demi-tour et j'ai nagé jusqu'à la plage.

» Le lendemain, je suis retournée au même endroit dans l'espoir de voir d'autres tortues. Effectivement, environ trente minutes à flâner dans l'eau, j'ai remarqué un banc de petits poissons noirs et jaunes et tout près d'eux, une tortue de mer verte. Je l'ai observée quelques instants alors qu'elle nageait parmi les coraux. Puis, alors qu'elle s'éloignait de la rive, j'ai essayé de la suivre. Une fois de plus, j'ai été étonnée de constater que je n'arrivais pas à la suivre. En réalisant qu'elle me distançait, j'ai cessé de nager et je me suis laissée flotter pour la surveiller. Et c'est à ce moment qu'elle m'a enseigné une importante leçon de vie. »

Casey se tut.

« Casey, vous ne pouvez terminer votre histoire comme cela. Qu'est-ce que la tortue vous a enseigné? »

Elle m'a souri. « Je croyais que vous étiez sceptique à l'idée que les tortues de mer vertes pouvaient nous raconter des choses? »

Je lui souris en retour.

« Je doute toujours de la possibilité qu'elles nous racontent quelque chose, mais à partir de votre histoire, je commence à croire qu'elles peuvent nous enseigner des leçons. Qu'est-il arrivé par la suite? »

« Eh bien, en flottant à la surface de l'eau, j'ai réalisé que la tortue ajustait ses mouvements à ceux de l'eau. Lorsqu'une vague se dirigeant vers la plage la frappait de front, la tortue se laissait flotter et nageait juste suffisamment pour maintenir sa position. Et lorsque le retour de la vague revenait dans l'océan, la tortue nageait plus rapidement de façon à profiter du mouvement de l'eau.

» La tortue ne combattait jamais les vagues, à la place, elle les utilisait. La raison pour laquelle je n'arrivais pas à la suivre est que je nageais constamment, peu importe dans quel sens allait le courant. Au début, c'était parfait et j'arrivais même à rester au-dessus de la tortue. Je devais même parfois ralentir. Mais plus je luttais contre les vagues qui allaient vers la plage, plus je m'épuisais. Ainsi, lorsque la vague revenait vers la mer, je n'avais plus assez d'énergie pour tirer avantage du courant.

» Plus les vagues allaient et venaient, plus je m'épuisais et moins j'étais efficace. La tortue continuait d'ajuster ses mouvements à ceux de l'eau et c'est ainsi qu'elle pouvait nager plus rapidement que moi. »

« Casey, dis-je, je crois que j'apprécie une bonne histoire de tortue... »

« Une histoire de tortue de mer verte », m'interrompit Casey en souriant.

« Exact, une histoire de tortue de mer verte. Je crois que j'apprécie une bonne histoire de tortue de mer verte autant que quiconque. Probablement plus, en réalité, car j'adore l'océan. Mais je ne suis pas sûr de comprendre le lien avec la façon dont les gens choisissent de quoi seront faites leurs journées. »

« Et j'avais des espoirs si élevés par rapport à vous », dit-elle en souriant de nouveau.

« Très bien, très bien, repris-je. Donnez-moi une minute. »

J'ai réfléchi à ce dont nous avions discuté avant l'histoire de la tortue de mer verte. Puis, j'ai repris la parole.

« Vous disiez qu'une fois qu'une personne sait pourquoi elle est ici – sa raison d'être – elle peut utiliser son temps à faire des choses qui lui permettront de réaliser sa raison d'être. Vous disiez aussi que les gens qui ignorent leur raison d'être passent leur temps à faire aussi plein de choses. J'en ai alors déduit que ces choses qu'elles font ne les aident pas à réaliser leur raison d'être. »

« Jusqu'ici, c'est très réfléchi, et je crois sentir un éclair de conscience juste au détour de cette analyse », dit-elle.

« Je le sens aussi », ajoutai-je tout en riant de son amical ton sarcastique. « Je crois que la tortue – la tortue de mer verte – vous a enseigné que si vous n'êtes pas en résonance avec ce que vous voulez faire, vous pouvez gaspiller votre énergie à faire plein de choses. Et lorsque les occasions de faire ce que vous voulez se présentent, il est possible que vous n'ayez plus la force ou le temps de les accomplir. »

« Excellent, dit-elle. Et j'ai apprécié que vous ayez spécifié " tortue de mer verte ", et non pas seulement " tortue ". »

Elle redevint plus sérieuse.

« Ce fut un grand moment pour moi, assurément l'un de mes moments " ah, ah " de ma vie.

» Chaque jour, il y a tant de gens qui essaient de vous persuader de leur donner votre temps et votre énergie. Pensez juste au courrier. Si vous deviez participer à chaque activité ou profiter de chaque vente ou faire appel à chaque service qui vous sont proposés, vous n'auriez plus de temps libre. Et on ne parle que du courrier! Ajoutez tous les gens qui essaient de capter votre attention pour des émissions de télé, des endroits où manger, des destinations de voyage. Vous pouvez rapidement vous retrouver à faire ce que les autres font, ou voudraient vous faire faire.

» En revenant de la plage, après avoir observé la tortue lors de la seconde journée, j'étais habitée de toute cette conscience. Je me suis assise sur ma serviette de plage et j'ai noté tout cela dans mon journal. J'ai réalisé que, dans la vie, les vagues qui venaient en face de moi étaient composées des gens, des activités et de choses qui essayaient de capturer mon attention, mon énergie et mon temps, mais qui n'étaient pas associées à ma raison d'être. Les vagues qui retournent à la mer sont les gens, les activités et les choses qui peuvent m'aider à réaliser ma raison d'être. En conséquence, plus je dépense de temps et d'énergie sur les vagues qui vont vers la plage, moins j'ai de temps et d'énergie pour celles qui retournent vers la mer.

» Une fois que j'ai compris cela, j'ai vu les choses sous une perspective différente. Je suis devenue plus sélective au sujet des raisons et de l'intensité de ma " nage ". »

« Intéressant, ai-je dit en réfléchissant à son histoire et sur la façon dont je dépensais mon temps chaque jour. Je vois ce que vous voulez dire lorsque vous parliez d'apprendre quelque chose d'une tortue de mer verte. »

Casey se leva.

« J'ai pensé que vous pourriez comprendre. Toutefois, je crois que je vous empêche de manger votre petit-déjeuner. Je vais vous laisser seul un peu et je reviendrai plus tard pour m'assurer que tout va bien. »

« Casey, est-ce que je peux emprunter un bout de papier et votre stylo avant que vous ne quittiez? »

« Bien sûr. » Elle retira le stylo de son tablier, déchira une feuille de son carnet de commande et les déposa sur la table.

« La réponse va vous surprendre », dit-elle en me faisant un clin d'œil tout en s'éloignant.

« Comment savez-vous que...? » Je n'avais pas eu le temps de compléter ma question que Casey était déjà en direction du fond du café.

J'ai commencé à écrire des nombres sur le papier. L'espérance moyenne de vie est de 75 ans. J'ai obtenu mon diplôme du collège à 22 ans. Je reçois du courrier 6 jours par semaine. Je suis éveillé 16 heures par jour. Je passe 20 minutes chaque jour à m'occuper du courrier.

Lorsque j'eus terminé tous mes calculs, je n'en croyais pas mes yeux. J'ai refait les calculs. Même réponse.

J'ai alors réalisé que Casey ne rigolait pas au sujet de l'impact des vagues qui nous arrivent de plein front. Si, depuis l'obtention de mon diplôme du collège jusqu'au moment de célébrer mes 75 ans, je passais 20 minutes par jour à ouvrir et à lire du courrier qui ne m'intéresse pas vraiment, je finirais par gaspiller presque une année entière pour du courrier non désiré.

J'ai refait mes calculs une troisième fois. La vérité restait la même. J'aurais probablement 35 années de vie après le collège, et si je ne faisais pas attention, je gaspillerais l'une d'elles à lire du courrier de sollicitations.

« Et puis? » Casey était de retour de la cuisine. J'étais si concentré sur mes calculs que je ne l'avais pas remarquée.

« Vous avez raison, lui dis-je. Je suis étonné. En vérité, je crois que j'ai dépassé l'état de surprise et que je me dirige tout droit vers l'état de choc. Réalisez-vous que le courrier indésirable peut engloutir une année entière de votre vie? »

Elle sourit.

« Le courrier n'est pas toujours indésirable, John. »

« Non, je sais cela, mais dans mon cas, la majeure partie de mon courrier l'est. De plus, ce n'est pas seulement le courrier. J'étais en train de me demander quels étaient les éléments des autres vagues que j'affrontais et qui dévoraient mon temps et mon énergie chaque jour. »

« Ça fait réfléchir, non? », dit-elle. « Voilà pourquoi le moment que j'ai passé avec la tortue de mer verte a eu un tel impact sur moi. »

Elle m'a souri, s'est retournée et s'est dirigée vers les gens à l'autre bout du café.

 **ONZE**

Je commençai à m'attaquer aux crêpes. Elles étaient tout aussi délicieuses que le reste. Tout en mangeant, je pensais à mes conversations avec Mike et Casey. Ce n'était pas le genre de conversations que l'on tient habituellement dans un café. Pourquoi êtes-vous ici? Et une fois que vous savez pourquoi vous êtes ici, que faites-vous? Que pouvez-vous apprendre d'une tortue de mer verte?

Tandis que je dégustais le reste des fruits, Mike vint à ma table.

« La nourriture vous plaît? »

« Fantastique! C'est tout un endroit ici! Vous devriez penser à franchiser votre concept, vous pourriez faire fortune. »

Mike sourit.

« Peut-être que j'ai déjà une fortune. »

« Alors, pourquoi travailleriez-vous ici? » Je me suis arrêté, mais trop tard. « Désolé, Mike, je ne voulais pas dire que cet endroit n'est pas extraordinaire. Je voulais simplement dire... Ah et puis, pour dire vrai, je ne suis pas sûr de ce que je voulais exprimer. »

« C'est correct, dit Mike. On m'a posé cette question plus d'une fois. John, avez-vous déjà entendu l'histoire de l'homme d'affaires en vacances qui rencontre un pêcheur? »

« Je ne crois pas. »

« C'était une histoire très populaire il y a quelques années de cela, précisa Mike. Elle vous intéresse? Elle fait référence à votre commentaire sur l'idée de franchiser mon café. »

« Bien sûr », lui ai-je répondu.

« Eh bien, l'histoire raconte qu'un homme d'affaires alla en vacances pour échapper un peu à toute la pression de son quotidien, pour " recharger ses piles " comme on dit parfois. Il prit donc un vol pour une destination tropicale lointaine et il aboutit dans un petit village. Après quelques jours, il avait observé les gens de cette communauté et il avait remarqué un pêcheur en particulier. Ce pêcheur semblait être le plus heureux et le plus satisfait de tous les habitants du village. Cela piqua la curiosité de l'homme d'affaires. Un jour, il aborda le pêcheur et lui demanda ce qu'il faisait de ses journées.

» Le pêcheur répondit qu'il se réveillait tous les matins et qu'il prenait son petit-déjeuner en compagnie de sa femme et de ses enfants. Puis, ses enfants quittaient pour l'école, lui, il partait pêcher et sa femme peignait. Il pêchait quelques heures, il revenait à la maison avec suffisamment de poissons pour nourrir sa famille et il faisait une sieste. Après le repos du soir, lui et sa femme marchaient le long de la plage en regardant le soleil se coucher tandis que leurs enfants s'amusaient dans l'océan. »

L'homme d'affaires était étonné. « Vous faites cela chaque jour? », demanda-t-il.

« La plupart du temps, répondit le pêcheur. Parfois, nous faisons autre chose, mais la majorité de mes journées se déroulent ainsi. Oui, c'est ma vie. »

« Et chaque jour, vous pouvez attraper des poissons? », demanda l'homme d'affaires.

« Oui, répondit le pêcheur. Il y a beaucoup de poissons. »

« Pouvez-vous pêcher plus de poissons que ceux que vous rapportez à la maison pour nourrir votre famille? », s'enquit l'homme d'affaires.

Le pêcheur le regarda, lui sourit et répondit : « Oh!
oui, il m'arrive souvent d'en prendre beaucoup plus et
je les remets à l'eau. Voyez-vous, j'adore pêcher. »

« Alors, pourquoi ne pêchez-vous pas toute la journée
afin de prendre autant de poissons que vous le pouvez? »,
demanda l'homme d'affaires qui poursuivit. « Ainsi vous
pourriez vendre ces poissons et en tirer pas mal d'argent.
Rapidement, vous pourriez acheter un second bateau,
puis un troisième, et leurs équipages pourraient pêcher
eux aussi beaucoup de poissons. En quelques années,
vous pourriez ouvrir un bureau dans une grande ville et
je suis prêt à gager qu'en moins de dix ans, vous auriez
une entreprise de distribution de poissons internatio-
nale. »

Le pêcheur sourit de nouveau à l'homme d'affaires.

« Pourquoi ferais-je tout cela? »

« Eh bien, pour faire de l'argent, répondit l'homme
d'affaires, vous pourriez faire tout cela pour gagner
beaucoup d'argent puis vous retirer. »

« Et qu'est-ce que je ferais lorsque je me retirerais? »,
demanda le pêcheur toujours en souriant.

« Tout ce que vous voulez, je suppose », dit l'homme
d'affaires.

« Par exemple, je pourrais prendre le petit-déjeuner
avec ma famille... »

« Mais oui », assura l'homme d'affaires un peu ennuyé que le pêcheur ne semble pas très excité par son idée.

« Et si je le veux, puisque j'aime la pêche, je pourrais pêcher un peu chaque jour... », continua le pêcheur.

« Et pourquoi pas, répondit l'homme d'affaires. Il n'y aurait peut-être pas autant de poissons, mais il en resterait quelques-uns sûrement. »

« Puis, peut-être que je pourrais passer ma soirée avec ma femme sur la plage à admirer le coucher du soleil pendant que nos enfants nageraient dans l'océan... », continua le pêcheur.

« Bien sûr, tout ce que vous voulez, bien que vos enfants seraient alors devenus des adultes », dit l'homme d'affaires.

« Le pêcheur sourit à l'homme d'affaires, lui serra la main et lui souhaita bonne chance dans ses efforts pour refaire le plein d'énergie. »

Mike termina ainsi l'histoire et me regarda. « Qu'est-ce que vous en pensez, John? »

« Je pense que je suis un peu comme l'homme d'affaires. Je passe la plupart de mes journées à travailler afin d'avoir assez d'argent pour prendre ma retraite. »

« C'est ce que je faisais moi aussi, avoua Mike. Mais j'ai fait une importante prise de conscience. La retraite était un temps futur où j'aurais assez d'argent pour faire ce que je voulais. Je pourrais être libre de participer aux activités qui m'intéressaient et passer mes journées d'une façon pleinement épanouissante. Puis, un soir, après une journée particulièrement peu épanouissante, j'en suis venu à la conclusion qu'il devait y avoir une meilleure façon de faire. Avec le temps, j'ai compris que, d'une quelconque façon, je m'étais empêtré dans la confusion par rapport à comment tout cela devrait fonctionner. C'était si simple que ma confusion en paraissait ridicule. Et pourtant, je m'étais perdu dans la confusion. »

Je continuais à manger tandis que Mike parlait.

« J'ai réalisé que chaque jour était une occasion de faire ce que je voulais. Chaque jour, j'avais la chance d'accomplir la réponse à la question qui vous a intrigué sur le menu. Je n'ai pas besoin d'attendre la retraite. »

J'ai déposé ma fourchette et me suis calé dans la banquette. J'étais quelque peu étonné de constater à quel point tout cela paraissait si simple. « Mais ça semble si facile », dis-je.

« Si c'est si simple, pourquoi les gens ne font-ils pas ce qu'ils veulent? »

« Eh bien, dit Mike en souriant, je ne peux pas répondre pour les autres. Faites-vous ce que vous voulez, John? »

Je ne m'attendais pas à ce que la conversation prenne cette avenue. J'espérais que Mike continue à parler et que je n'aie qu'à écouter. J'ai réfléchi un instant à sa question.

« Non, pas vraiment », ai-je finalement répondu.

« Pourquoi? »

La conversation avançait encore plus dans une direction que je n'avais pas anticipée.

« Pour être franc, je n'en suis pas certain. Je ne savais vraiment pas ce que je voulais étudier lorsque je suis entré au collège. J'ai finalement opté pour un programme que je ne détestais pas et qui, selon les gens autour, offrait de bonnes chances d'obtenir un emploi à la fin des études. Lorsque l'école se termina, j'ai commencé à travailler et je me suis concentré de plus en plus à gagner de l'argent. Graduellement, j'en suis venu à obtenir un très bon salaire et je me suis en quelque sorte glissé dans une routine. »

Je repris du même souffle.

« Je ne suis pas plus certain d'ailleurs d'avoir songé à cette question à un moment où un autre », dis-je en pointant le menu. « Du moins jusqu'à ce soir. »

« Comme je le mentionnais auparavant, commenta Mike, c'est amusant de constater comment et quand cette réflexion secoue les gens. »

« Ça semble totalement fou », dis-je.

« Que voulez-vous dire? »

« Ce dont nous parlions à l'instant... Pourquoi passons-nous tant de temps à nous préparer au jour où nous pourrons faire ce que nous voulons au lieu de tout simplement faire ce que nous voulons dès maintenant? »

« Je crois que vous devriez rencontrer quelqu'un qui pourrait vous en dire long à ce sujet », mentionna Mike.

Il se leva et se dirigera à la table où Casey discutait avec d'autres clients. Je ne pouvais pas entendre leur conversation, mais après quelques instants, les gens se sont levés et se sont dirigés vers moi.

 **DOUZE**

Mike me présenta la femme qu'il venait d'amener à ma table. « John, j'aimerais que vous fassiez la connaissance d'une de mes amies, Anne. Anne, je te présente John. C'est sa première soirée au café. »

Anne m'a souri et nous nous sommes serré la main. « Heureux de vous rencontrer, ai-je débuté. Selon ce que Mike semble dire, j'en déduis que vous venez souvent au café. »

« De temps en temps, répondit-elle. C'est l'un de ces endroits où vous aimez vous retrouver lorsque vous en avez vraiment besoin. »

« C'est ce que je commence à saisir », lui ai-je dit.

« John et moi discutions de l'un de vos sujets favoris, Anne, fit remarquer Mike. J'ai pensé que vous pourriez vous joindre à nous et nous donner un avis d'expert. »

Anne s'esclaffa. « Eh bien, je ne sais pas si je suis une experte, mais je ne suis jamais à court d'opinions. De quoi parliez-vous donc? »

« John se demandait pourquoi nous passions autant de temps à nous préparer au moment où nous pourrions faire ce que nous voulons au lieu de simplement faire ces choses dès maintenant. »

« Ah, c'est effectivement l'un de mes sujets favoris », dit-elle en éclatant de rire de nouveau.

Le rire d'Anne était contagieux. J'ai immédiatement apprécié cette femme. « S'il vous plaît, assoyez-vous, Anne. J'aimerais bien entendre votre point de vue sur ce sujet. Et vous aussi, Mike, vous pouvez rester. »

Alors qu'ils se glissaient tous les deux dans la banquette en face de moi, Mike prit la parole. « Avant de laisser Anne vous donner son point de vue, permettez-moi de vous parler un peu d'elle. Anne a obtenu un diplôme de cycles supérieurs de l'une des meilleures écoles de marketing au monde et elle fut durant plusieurs années une directrice renommée dans le domaine de la publicité. »

« Wow, très impressionnant », ai-je mentionné.

« Pas nécessairement », rectifia Anne en souriant, « mais dans le contexte de notre discussion, c'était probablement important de le spécifier. »

Anne s'installa dans la banquette et reprit.

« John, regardez-vous la télé, écoutez-vous la radio ou lisez-vous des magazines? »

« Parfois, ai-je répondu. Pourquoi? »

« Une partie de la réponse à votre question, à propos du temps que nous passons à nous préparer à faire ce que nous voulons au lieu de simplement le faire dès maintenant, se trouve dans les messages dont nous sommes bombardés chaque jour, répondit-elle. Voyez-vous, les publicitaires ont compris depuis longtemps que si vous ciblez efficacement les peurs des gens et leur désir de s'épanouir, vous pouvez les motiver à faire ce que vous voulez qu'ils fassent. Si vous ciblez la bonne peur ou le bon désir, vous pouvez leur faire acheter des produits spécifiques et faire appel à des services particuliers. »

« Pouvez-vous me donner un exemple? », ai-je demandé.

« Avez-vous déjà vu ou entendu une publicité dont le message était de vous aider à atteindre le bonheur ou la sécurité? Quelque chose comme : si vous vous procurez ce produit, votre vie sera meilleure? »

« Je ne sais pas, dis-je. Je suppose que oui. »

« Habituellement, c'est subtil, précisa-t-elle. La plupart du temps, les compagnies ne le disent pas directement. Mais lorsque vous savez être attentif ou lorsque vous avez évolué dans le milieu de la publicité, vous le voyez. Le but de ces messages est de vous faire croire que vous pouvez vous épanouir grâce à un produit ou à un service en particulier. Par exemple, conduire cette automobile donnera un sens à votre vie, manger cette crème glacée vous rendra plus heureux, posséder ce diamant vous apportera une satisfaction. Et, continua-t-elle, laissez-moi vous dire quelque chose d'important. Un message encore plus subtil, mais ayant plus d'impact est habituellement véhiculé. Non seulement ces produits vous permettront de vous épanouir si vous vous les pro-curez, mais ils peuvent aussi vous empêcher de vous épanouir si vous ne les possédez pas. »

Je la regardais d'un air interrogateur.

« Anne, êtes-vous en train de dire qu'on ne devrait jamais rien acheter? Ça me semble plutôt extrême, et pas tellement pratique. »

« Oh, non, dit-elle. Comprenez-moi bien. Chaque personne doit faire tout ce qu'elle veut. Je ne dis pas de ne pas acheter d'autos, de ne pas aller au centre com-mercial ou de ne pas manger de crème glacée. Mais vous demandez pourquoi nous passons tant de temps à nous préparer à faire ce que nous voulons au lieu de le faire immédiatement, tout simplement. Pour moi, une partie de la réponse est que si nous ne sommes pas prudents, nous finissons par croire aux messages de la publicité à laquelle nous sommes confrontés chaque jour et accepter que le bonheur et l'épanouissement s'obtiennent par les produits ou les services que l'on nous propose. Éventuellement, cela peut nous placer dans une position financière qui nous oblige à continuer à faire ce que nous ne voulons pas faire. »

« Je ne suis pas sûr de comprendre », lui dis-je.

« Laissez-moi vous donner un exemple, reprit Anne. Gardez à l'esprit que cet exemple ne s'applique pas à tout le monde, mais qu'il peut permettre de saisir ce dont je vous parle.

» Dès le jeune âge, nous sommes exposés aux publicités qui véhiculent le message que l'épanouissement dépend de produits ou de biens de consommation. Que faisons-nous? Tout naturellement, nous achetons de ces produits afin de voir si la publicité dit vrai.

» Mais le problème est qu'il faut de l'argent pour obtenir ces produits. Pour résoudre ce problème, nous nous trouvons un emploi. Ce n'est peut-être pas l'emploi idéal, et le temps que nous y passons n'est peut-être pas utilisé comme nous le souhaiterions, mais nous acceptons l'emploi afin de rembourser le paiement des trucs que nous avons achetés. Nous nous disons que c'est temporaire et que bientôt nous ferons un autre boulot, une activité plus en relation avec ce que nous voulons vraiment faire.

» Mais il y a un hic. Parce que l'emploi ne nous permet pas de nous épanouir, et parce que nous y passons tellement d'heures, nous nous sentons de plus en plus insatisfaits. Pendant ce temps, il y a plein de gens autour de nous qui répètent sans cesse à quel point ils ont hâte à la retraite où ils pourront faire ce qu'ils veulent. Avant longtemps, nous commençons nous aussi à rêver à ce moment presque mythique dans le futur où nous n'aurons plus à travailler mais où nous pourrons plutôt passer nos journées à faire des trucs qui nous passionnent vraiment.

» En attendant, pour oublier le fait que nous ne passons pas nos journées de la façon dont nous le souhaiterions, nous espérons que le message véhiculé par la publicité dise vrai en partie. Nous espérons que ces choses que nous achetons nous apporteront un sentiment de plénitude que notre travail journalier ne nous procure pas. Malheureusement, plus nous achetons de choses, plus nous avons de factures à payer et plus nous devons travailler pour les payer. Mais puisque notre travail ne correspond pas à ce que nous aimerions faire, travailler plus crée encore plus d'insatisfactions et de frustrations parce que nous avons encore moins de temps pour faire ce que nous aimerions faire. »

« Et alors, nous achetons encore plus de choses, dis-je. Je crois comprendre l'impasse. Ce n'est pas un cycle très positif. »

« Que ce soit positif ou non, reprit Anne, le résultat est que les gens doivent travailler très longtemps et faire des choses qui ne comblent pas leur mission de vie. Mais ils continuent de rêver à ce futur où ils n'auront plus à travailler et où ils pourront faire ce qu'ils veulent. »

« Wow! Je n'avais jamais vu cela sous cet angle auparavant, dis-je. Êtes-vous sûre de tout cela? »

Anne et Mike éclatèrent de rire.

« John, reprit Anne, tout comme je ne vous recommanderais pas de considérer les messages publicitaires comme étant des vérités, mais de les voir pour ce qu'ils sont vraiment, je ne voudrais pas que vous acceptiez tout simplement tout ce que je dis.

» Casey mentionnait que vous discutiez, elle et vous, de la possibilité que nous avons tous de nous ouvrir à tout ce qui existe et ainsi savoir que ça existe. Ce que j'ai partagé avec vous n'est que l'opinion d'une personne. Maintenant que vous l'avez entendue, vous pouvez observer autour de vous et décider si vous pensez que ce que je vous ai dit est faux, en partie vrai ou totalement vrai ».

« Disons que ça me fera certainement voir les choses d'une autre façon, lui ai-je répondu. Dites-moi, Anne, cet exemple que vous m'avez donné, était-il le vôtre? Avez-vous pataugé dans ce cycle? »

Anne rit de nouveau.

« Absolument! Je peux en rire maintenant, mais à l'époque, ce n'était pas très rigolo. J'étais vraiment malheureuse et je sentais que je ne contrôlais pas ma propre situation. Je travaillais de longues heures chaque jour et j'en suis venue à essayer de combler mon manque de temps libre en me récompensant avec des choses matérielles. Dans mon esprit, c'était une approche de la vie très rationnelle.

» Puisque j'ai travaillé toute la fin de semaine, me disais-je alors, je mérite un vêtement neuf, le dernier gadget électronique ou le meuble dernier cri. Mais comme je travaillais constamment, je pouvais rarement profiter des choses que je me payais. Les gens me visitaient et me disaient à quel point ils auraient aimé posséder mes nouvelles acquisitions, mais moi, j'étais trop peu souvent à la maison pour en profiter.

» Un soir, après avoir compilé une multitude de factures qui, encore une fois, grugeraient presque tous mes revenus du mois, je me suis étendue sur mon lit et j'ai fixé le plafond. C'est tout ce que je pouvais faire pour ne pas éclater en sanglots. Je réalisais que ma vie filait à toute vitesse, que je la passais à un travail qui ne m'intéressait pas vraiment et que j'essayais de compenser mon vide intérieur en achetant des tas de trucs qui, en vérité, ne m'intéressaient pas beaucoup plus que mon boulot.

» Et pour ajouter au problème, mon plan pour me permettre de me retirer et faire ce que je voulais de ma vie nécessitait que je travaille jusqu'à soixante ans. J'en éprouvais un sentiment fort désagréable. »

« C'est un état d'esprit très différent de celui que vous avez maintenant, lui fis-je remarquer. Que s'est-il passé? »

Anne sourit et reprit.

« C'était un état d'esprit différent. Ce soir-là, après avoir fixé le plafond en essayant de comprendre comment j'en étais venue là, j'ai décidé de faire une promenade. Je vivais dans une grande ville et les rues étaient bondées de gens. Je regardais chaque personne que je croisais en me demandant si elle ressentait la même chose que moi. Était-elle heureuse? Était-elle épanouie et comblée? Puis, je suis entrée dans un petit café que j'avais remarqué à plusieurs reprises mais que je n'avais jamais fréquenté. À mon étonnement, l'une de mes connaissances y était attablée. C'était un homme que j'avais rencontré peu souvent, mais qui m'avait impressionnée par la façon dont il semblait être toujours bien.

» Il m'a offert de me joindre à lui et pendant trois heures – et plusieurs tasses de café – nous avons échangé des théories sur la vie. Lorsque je lui ai expliqué ma situation, il a souri et m'a mentionné que je lisais peut-être trop de mes propres publicités. Je lui ai dit que je ne comprenais pas très bien ce qu'il voulait dire et il m'a alors expliqué le cycle que je vous ai décrit auparavant. Il a ensuite ajouté quelque chose que je n'ai jamais oublié. »

« Le défi, a-t-il dit, est de réaliser que quelque chose nous comble parce que nous l'avons individuellement déterminé, et non parce que quelqu'un d'autre nous l'a dit. »

« Lorsque je suis rentrée chez moi, je me suis assise et j'ai réfléchi à ce qui était épanouissant pour moi et qui me comblait. Je me suis mise à réfléchir à la façon dont je voulais passer chaque journée. J'en suis venue à me demander pourquoi je voulais passer ainsi chaque journée. Graduellement, cette piste de réflexion m'a conduite ici », dit-elle.

J'ai baissé les yeux. Anne pointait le menu.

Pourquoi êtes-vous ici?

« Et alors? », lui ai-je demandé.

Anne se mit à rire de nouveau.

« Sans doute Casey vous a déjà expliqué qu'une fois que l'on se pose la question *pourquoi suis-je ici?* tout peut changer pour vous. Sans aller dans les moindres détails, je peux vous dire que depuis cette soirée, je n'ai plus jamais été la même.

» Au début, les changements se sont faits graduellement. Je prenais simplement un peu plus de temps pour moi-même chaque semaine. J'ai cessé de me récompenser par des trucs matériels pour travailler aussi fort et, à la place, je me suis récompensée en me permettant de faire ce que je voulais. Par exemple, je m'assurais de prendre au moins une heure par jour pour faire quelque chose que j'aimais vraiment. Parfois, je lisais un roman qui me passionnait, d'autres fois, je faisais une longue promenade ou j'exerçais un sport.

» À la longue, j'ai pris deux heures, puis trois par jour pour moi-même. Et sans m'en rendre compte, j'étais totalement concentrée sur ce que je voulais faire, sur les choses qui me comblaient et qui répondaient à mon interrogation : *pourquoi suis-je ici?* »

 **TREIZE**

A nne se tourna vers Mike.

« Avez-vous eu la discussion sur la mort? »

« La quoi? », ai-je demandé, ressentant soudainement une certaine appréhension.

Anne sourit et pointa le menu.

« La seconde question! »

J'ai regardé.

Avez-vous peur de la mort?

J'avais presque oublié les deux autres questions sur le menu. Après tout ce que la première question avait remué, je n'étais pas certain d'être prêt à réfléchir aux deux suivantes.

« Elles sont reliées l'une à l'autre », dit Mike.

De nouveau, c'était la lecture des pensées, juste au moment où je commençais à trouver ce café normal. En vérité, je crois que je ne l'ai jamais vraiment considéré comme tel.

« Que voulez-vous dire par "elles sont reliées"? »

« Craignez-vous la mort? », demanda Anne en retour. « La plupart des gens la craignent. En fait, c'est l'une des peurs les plus communes parmi les gens. »

« Je ne sais pas, lui ai-je répondu. Il me semble qu'il y a plein de choses à faire dans la vie et je ne veux pas mourir avant d'avoir la chance de faire tout ce que je veux. Mais la mort n'occupe pas mes pensées chaque jour. »

« Les gens qui ne se sont jamais posé la question que vous avez lue sur le menu, et qui n'ont pas entrepris la démarche de combler leur mission de vie en faisant ce qu'ils veulent faire... » Anne fit une pause en me regardant. « Ces gens craignent la mort », compléta-t-elle.

C'était à mon tour de faire une pause. J'ai regardé Anne et Mike.

« Êtes-vous en train de me dire que la plupart des gens pensent à la mort chaque jour? Je ne suis pas certain de croire cela. Pour ma part, je ne passe pas mes journées à penser à la mort, ça c'est sûr. »

Mike sourit.

« Non, ce n'est pas tout à fait cela. Ce dont nous parlons se passe essentiellement au niveau du subconscient. La plupart des gens n'ont pas le concept de la mort au premier plan de leurs pensées au quotidien. Mais dans leur subconscient, ils savent que chaque jour qui passe, ils avancent un peu plus vers la possibilité de ne pas avoir la chance de faire ce qu'ils aimeraient faire dans la vie. Ainsi, ils craignent ce jour qui se situe quelque part dans le futur, où ils n'auront plus aucune chance de le faire. Ils craignent le jour où ils mourront. »

Je songeais à ce qu'il venait de dire.

« Mais ce n'est pas obligé d'être ainsi, non?, dis-je. Si une personne se demande pourquoi elle est ici, qu'elle décide ce qu'elle veut faire et qui la comble dans sa mission de vie et qu'elle choisit vraiment de le faire, alors pourquoi craindrait-elle la mort? Vous ne pouvez pas craindre de ne pas avoir la chance de faire quelque chose si vous l'avez déjà fait ou si vous le faites chaque jour, n'est-ce pas? »

Anne sourit.

« Non, bien sûr que non », dit-elle doucement. Elle se leva. « Ce fut un plaisir de vous rencontrer, John. Je dois retourner à ma table où mon ami m'attend, mais j'ai apprécié notre conversation. »

Je me suis levé et nous nous sommes serré la main.

« Ce fut un plaisir pour moi aussi, lui dis-je. Merci d'avoir partagé votre point de vue avec moi. »

Tandis qu'elle s'en retournait à sa table, je me suis calé dans ma banquette. Je me sentais différent. Je ne pouvais l'expliquer, mais je sentais que je venais d'apprendre quelque chose qui me serait utile très longtemps.

Mike se leva à son tour.

« Est-ce que ça va, John? Vous me semblez quelque peu abasourdi. »

« Je suis simplement dans mes pensées, lui avouai-je. Ce qu' Anne et vous avez dit a beaucoup de sens. Je suis étonné de ne pas en avoir entendu parler auparavant ou d'y avoir pensé par moi-même. »

« Chaque chose en son temps, John. Vous y avez peut-être déjà songé avant aujourd'hui, mais à ce moment, vous n'étiez pas prêt à vous y arrêter vraiment et à agir en conséquence. »

Mike se pencha et ramassa deux des assiettes vides sur la table. « Laissez-moi vous débarrasser un peu. Mangez-vous encore les patates rissolées? »

« Étonnamment, oui! », dis-je en sortant de mes réflexions et en regardant la nourriture en face de moi. « Elles sont trop délicieuses et j'ai encore trop faim pour vous laisser les emporter. »

Tandis que Mike s'éloignait, mon attention retourna à ce dont lui, Anne et moi avions discuté. C'était beaucoup de choses à intégrer. Je pensais à ce qu'Anne avait raconté au sujet de l'impact des messages publicitaires. À quel point ma définition du succès, du bonheur et de la plénitude avait été déterminée par les autres? C'était difficile de le savoir. Je décidai que dorénavant j'essaierais d'être plus vigilant par rapport aux messages cachés dans les paroles des autres.

La discussion au sujet de la mort était totalement différente. Je savais que j'avais acquis un degré de compréhension plus profond à la fin de notre conversation. Ce n'est pas que j'avais vécu jusque-là dans un état de désespoir émotionnel en craignant constamment de mourir. Ce n'était même pas une chose à laquelle je pensais souvent. Mais le concept d'une vie qui comblerait ma propre raison d'exister, et l'impact que cela aurait sur ma façon de voir chaque journée, résonnait très bien en moi.

« Tu ne peux pas craindre de ne pas avoir la chance de faire quelque chose si tu l'as déjà faite ou si tu la fais chaque jour », me dis-je à moi-même.

J'aurais aimé y avoir pensé ou en avoir entendu parler avant. « Mais encore, ce n'est pas suffisant de connaître ce concept », me suis-je dit de nouveau. « Ce qui importe est de vraiment faire les choses que je veux faire. »

 **QUATORZE**

J'ai regardé le menu de nouveau.

Pourquoi êtes-vous ici?

Avez-vous peur de la mort?

Êtes-vous pleinement épanoui?

Les questions ne m'apparaissaient plus aussi étranges que lorsque je les avais lues pour la première fois. En fait, elles me semblaient beaucoup plus importantes maintenant.

Êtes-vous pleinement épanoui?

« Tant que tu n'as pas découvert pourquoi tu es ici et que tu n'as pas réellement commencé à agir en fonction de cette raison d'être, je ne crois pas que tu puisses être pleinement épanoui », ai-je pensé en moi-même.

« Mais agir en conséquence n'est pas toujours si facile, non? », demanda Casey.

J'ai levé les yeux alors qu'elle s'apprêtait à ramasser mon verre d'eau.

« Non, ce ne l'est pas, ai-je répondu. Je pense à ma propre situation. Je sais comment faire ce que je fais chaque jour. Je suis payé pour cela. Qu'arrivera-t-il si je me demande pourquoi je suis ici et que j'identifie ce que je veux faire, mais que je ne sais pas comment le faire ou que je suis incapable de dénicher un emploi correspondant à ma raison d'être? Comment gagnerai-je de l'argent? Comment pourrai-je subvenir à mes besoins et épargner pour la retraite? Qu'arrivera-t-il si je n'ai pas l'habileté à exécuter ces nouvelles activités, quelles qu'elles soient? Et si les gens se moquaient de moi ou n'avaient aucun respect pour mes activités? »

Casey me laissa finir ma longue litanie de questions.

« John, selon vous, si une personne parvient à identifier la raison pour laquelle elle est ici, sera-t-elle enthousiaste par rapport à cette découverte? »

J'ai réfléchi un instant à sa question.

« Assurément, du moins, je l'espère pour elle, ai-je répondu. Je dirais que ce doit être très motivant de trouver pourquoi on existe. »

« Et croyez-vous que ce sera tout aussi motivant et exaltant pour cette personne d'agir en fonction de sa raison d'être? »

Je fis de nouveau une pause. Ses questions me semblaient trop faciles. « Il y a sans doute quelque chose qui m'échappe », ai-je pensé. « Évidemment », ai-je finalement répondu. « Pourquoi il n'en serait pas ainsi? Cette personne devrait être plus passionnée par ce qui est en accord avec sa raison d'être que pour toute autre activité », ai-je ajouté.

« Alors, pourquoi pensez-vous que cette personne pourrait échouer? »

Je l'ai regardée. Avant que je n'aie pu dire quoi que ce soit, elle a enchaîné.

« Avez-vous déjà rencontré des personnes qui étaient totalement passionnées par ce qu'elles faisaient chaque jour? Des personnes qui passent leur temps à faire quelque chose qu'elles aiment vraiment? »

Je fis une pause une fois de plus.

« Pas beaucoup, ai-je dit. Mais je connais quelques personnes qui correspondent à cette description. »

« Sont-elles excellentes dans ce qu'elles font? », demanda Casey.

« Oh oui! », dis-je avec un certain sarcasme. « Avec tout ce temps qu'elles passent à le faire, elles doivent nécessairement exceller dans leur activité favorite. Vous savez, elles lisent sur le sujet dans leurs moments libres, elles regardent des émissions de télé et assistent à des symposiums qui traitent du sujet. À la longue, elles doivent forcément exceller dans cette activité. »

« Se lassent-elles de faire cette activité? », demanda encore Casey.

« Non, ai-je répondu. On dirait que ce n'est jamais assez. Elles en veulent toujours plus, comme si elles se réénergisaient en pratiquant leur activité et... » J'ai arrêté au milieu de ma phrase.

Casey me souria.

« Semblent-elles avoir de la difficulté à trouver un emploi correspondant à cette activité? »

Encore une fois, je fis une pause.

« Pas les gens que je connais. Ils ont tellement de connaissances sur l'activité qu'ils affectionnent, et ils en sont si passionnés, que tout le monde leur demande des conseils et souhaite les intégrer à leurs propres activités. »

« J'imagine que ce sont des personnes plutôt positives et optimistes, mentionna Casey. Elles n'ont probablement pas besoin de tout quitter pour aller se ressourcer. »

J'ai laissé le commentaire de Casey faire son chemin en moi. C'était une façon intéressante de voir les choses. Comment serait la vie si je faisais toujours les activités que j'aime? Si j'employais mon temps à faire ce qui me passionne?

« Mais qu'en est-il de l'argent?, ai-je demandé soudainement. « Ce n'est pas parce que vous êtes bon dans une activité, ou que vous avez beaucoup de connaissances sur le sujet, que vous allez nécessairement en retirer beaucoup d'argent. Vous pouvez toujours trouver du travail dans cette activité, mais ce boulot va-t-il être bien rémunéré? »

Je me sentis plutôt fier d'avoir pensé à cela.

« Après tout, ai-je continué, qui sait ce qu'une personne peut considérer comme satisfaisant ou épanouissant? »

« Je vois, dit Casey. Alors, envisageons le pire scénario concernant l'argent. Une personne pourrait vivre toute sa vie en faisant chaque jour une ou des activités qui combleraient sa raison d'exister qu'elle aurait identifiée. Mais, continua-t-elle, elle n'en retirerait pas beaucoup d'argent. Ma foi, ce serait tragique. Imaginez les conséquences. Vous pourriez vous retrouver à avoir vécu toute votre vie de façon à combler votre raison d'exister. Vous pourriez passer votre vie à faire ce que vous voulez, car vous auriez découvert pourquoi vous êtes ici », mais de nouveau elle fit une petite pause. « Vous pourriez-vous retrouver à 65 ans sans avoir pu épargner suffisamment pour la retraite. Mais que faire alors? », demanda-t-elle avec une intonation et une gestuelle mimant le drame. « Je suppose que vous n'auriez qu'à continuer à faire ce que vous aimez. Cela pourrait être vraiment tragique. »

Je ris.

« Casey, vous pouvez être carrément sarcastique lorsque vous le voulez. »

Elle me sourit.

« J'essaie simplement de m'assurer que je suis bien votre ligne de pensée. »

« D'accord, j'ai compris, ai-je dit. Tout cela nous ramène à l'histoire du pêcheur que Mike m'a racontée tout à l'heure. Pourquoi attendre de faire ce que vous voulez alors que vous pouvez le faire dès maintenant? »

« Tout à fait. Et il y a plus encore. Vous souvenez-vous de votre conversation avec Anne au sujet de la raison qui pousse les gens à acheter des trucs? »

« Bien sûr. Nous avons parlé de la raison qui pousse les gens à gagner plus d'argent pour acheter plus de choses. Ils souhaitent que ce qu'ils achètent comblera leur besoin d'épanouissement, car ils ne font pas ce qu'ils veulent de leurs journées. Mais le piège est que plus ils achètent, plus ils doivent gagner de l'argent pour rembourser ces dépenses. S'ils ne prennent pas gare, ils peuvent être aspirés dans une spirale descendante. »

Je m'arrêtai et réfléchis. Je sentais que quelque chose m'échappait. Je regardai Casey, mais elle soutint mon regard sans dire un mot.

« Cela a quelque chose à voir avec le pire scénario possible, non? », ai-je demandé.

Casey répondit par un signe de tête affirmatif.

J'ai réfléchi encore quelques instants. Puis, je me suis résigné à réfléchir tout haut. « Je crois que la première chose à saisir est que la personne vivant le pire scénario possible peut toujours choisir de faire quelque chose d'autre. »

Casey refit le geste affirmatif de la tête. Alors, j'ai continué.

« Et ça, c'est dans le pire des scénarios possibles. De toute évidence, il y a aussi le meilleur scénario possible. Une personne peut gagner beaucoup d'argent à faire ce qu'elle aime et ce qui comble sa raison d'exister. »

Une fois de plus, Casey approuva de la tête.

Je savais qu'il manquait encore quelque chose à cette réflexion. Je me calai sur la banquette et pris une gorgée d'eau. J'allais demander un indice à Casey lorsque tout devint évident soudainement. « Peut-être que l'argent devient moins pertinent. Cela dépend sans doute des gens et des circonstances, mais en repensant à ma conversation avec Anne, je me souviens m'être interrogé sur les motivations qui amènent les gens à travailler. Anne et moi avons discuté du fait qu'une des raisons pour travailler était liée à la quête d'épanouissement. »

« Pouvez-vous me donner un exemple? », demanda Casey.

« La raison pour laquelle je travaille est l'argent, ai-je commencé. J'ai besoin d'argent pour payer les choses que j'achète. Lorsque je pense à tout ce que j'achète, je crois que je suis un peu comme les gens dont Anne et moi discutions. Plusieurs des choses que je possède me permettent de m'évader pour un moment, de me détendre et de me sentir mieux par rapport à mon existence.

» Ce que je me demande », ai-je continué du même souffle, « c'est combien de ces choses voudrais-je vraiment si je n'avais pas besoin de m'évader ou de me détendre? Si je faisais toujours ce que je voulais, alors j'aurais beaucoup moins besoin de m'évader et je vivrais sans doute beaucoup moins de stress, et donc, j'aurais aussi moins besoin de relaxer et de me changer les idées. Je ne dis pas que je vivrais dans une cabane quelque part dans les bois, mais je me demande si la définition de " beaucoup d'argent " ne varie pas en fonction de notre capacité ou de notre façon de vivre selon notre raison d'exister. »

Casey approuva une fois de plus. « Êtes-vous en train de proposer qu'une personne devrait cesser de vouloir plus d'argent? », demanda-t-elle pour me permettre de préciser ma pensée.

« Non », répondis-je. J'ai pris le temps de bien réfléchir aux mots qui traduiraient le mieux ma pensée.

« Ce n'est pas ce que je veux dire. Je dis seulement qu'en ce qui me concerne, je pense que si je trouvais la raison pour laquelle je suis ici et que je me consacrais aux activités qui comblent cette raison d'exister, alors je serais probablement moins préoccupé par l'argent que je le suis actuellement. C'est ce que j'essaie d'exprimer. »

Casey se leva et ramassa deux de mes assiettes vides.

« Ce sont des pensées intéressantes, John. »

Elle retourna à la cuisine. Je la suivis des yeux.

« C'est un endroit intéressant! »

 **QUINZE**

L orsque Casey est revenue, elle versa de l'eau fraîche dans mon verre et s'assit en face de moi.

« John, lorsque j'ai rapporté vos assiettes à la cuisine, Mike m'a rappelé quelque chose qui pourrait vous intéresser. Ça fait référence à la discussion que nous avions sur les défis auxquels les gens peuvent être confrontés lorsqu'ils essaient de vivre selon leur raison d'exister. »

« Voulez-vous parler de ma question au sujet de l'argent qu'ils gagneraient? », lui ai-je demandé.

« Oui, en quelque sorte, mais il y a plus. »

J'ai regardé Casey.

« J'aimerais bien que vous m'en parliez. »

« Pour que l'on se comprenne bien, a-t-elle commencé, il faut que vous pensiez aux personnes dont vous parliez tout à l'heure. »

« Voulez-vous dire les gens que je connais qui sont entièrement passionnés par ce qu'ils font? », ai-je demandé. « Ceux qui ne font que ce qu'ils aiment vraiment chaque jour? »

« Oui, ceux-là. Avez-vous remarqué quelque chose à leur sujet? »

« Eh bien, ai-je commencé, une femme était vendeuse dans un... »

« En réalité, John, Casey interrompit-elle, pensez à eux plus généralement qu'à ce qu'ils font. Dans l'ensemble, avez-vous noté quelque chose à leur sujet? »

J'ai fermé les yeux un instant pour mieux réfléchir. Je pouvais voir dans mon esprit les gens auxquels je pensais.

« D'abord, comme je l'ai mentionné auparavant, ils m'apparaissent tous vraiment heureux. Ils semblent qu'ils aiment réellement ce qu'ils font. Ils démontrent aussi une grande confiance. Ce n'est pas une simple bravade, on dirait juste qu'ils savent que les choses se dérouleront comme ils le veulent. Et ça peut paraître étrange, mais une autre caractéristique que j'ai notée est qu'ils sont tous des êtres chanceux. De bonnes choses leur arrivent, des choses inattendues. »

« Pouvez-vous me donner un exemple? », suggéra Casey.

« Eh bien, je pense à une femme en particulier. Elle est dans la publicité, ce qui semble plutôt étrange après ma conversation avec Anne. Peu importe. Elle essayait de recruter un important client. Je ne me souviens plus des détails, mais je me rappelle que c'était un important contrat et plusieurs personnes avaient essayé d'y arriver en vain. Mais elle, elle avait décidé qu'elle voulait obtenir ce contrat. Alors qu'elle travaillait depuis deux semaines à préparer sa présentation, elle reçut un appel d'une vieille amie du collège. Elle n'avait pas parlé à cette amie depuis très longtemps. Alors qu'elles se racontaient les différents aspects de leur vie, le sujet du travail s'est pointé et la femme a mentionné à quel point elle tentait d'obtenir l'important contrat. Il s'avéra que l'amie avait à son tour une amie qui travaillait pour la compagnie en question. Quelques coups de téléphone plus tard, les trois femmes se rencontraient pour dîner. Et quelques semaines plus tard, la femme obtenait le contrat. C'est ce que je veux dire lorsque je mentionne que des choses inattendues arrivent à ces personnes. Elles semblent tout simplement être chanceuses. »

« Que croyez-vous que c'est, John? », demanda Casey.

J'ai bu une gorgée d'eau.

« Une partie de moi pense que ce ne sont que des coïncidences chanceuses. Mais ce qui est amusant, c'est que vous m'avez demandé de penser aux gens qui aiment vraiment ce qu'ils font. Ce sont des gens qui, selon ce que je vois, passent leurs journées à faire des activités en rapport avec leur raison d'exister. Ce genre de coïncidences semblent arriver continuellement à ces personnes. »

Casey sourit et me regarda.

« Est-ce que ça n'arrive qu'à ces personnes? De telles coïncidences ne vous sont-elles donc jamais arrivées? »

Je m'adossai à la banquette.

« Je suppose que oui. Je ne peux pas identifier un moment en particulier comme ça, mais je sais que j'ai été parfois étonné de constater qu'un événement inattendu survenait juste au moment où j'en avais besoin. »

« John, reprit-elle, si vous pouviez vous souvenir précisément des personnes en rapport avec les choses inattendues qui vous sont arrivées personnellement, je ne serais pas étonnée que vous y découvririez un lien entre elles. »

« Peut-être que ces événements inattendus survenaient lorsque je faisais précisément ce que je voulais? », ai-je demandé.

En posant cette question, je ressentis un frisson me parcourir. C'était le même sentiment que j'avais eu précédemment, alors que j'avais eu l'impression d'apprendre quelque chose d'important sur moi.

« Je ne sais pas pour vous, spécifiquement, John, mais depuis que je travaille dans ce café, j'ai remarqué quelque chose sur les gens en général. Ceux qui connaissent leur raison d'exister, et qui font tout ce qu'il faut pour la combler, semblent avoir beaucoup de chances. Des choses inattendues et apparemment aléatoires surviennent dans leur vie au moment même où ils en avaient justement le plus besoin. J'ai interrogé quelques-uns d'entre eux à ce sujet. Si tous reconnaissent ce fait, ils n'ont pas tous la même opinion sur ce qui en est la cause. Pour être franc, la plupart d'entre eux ne se préoccupaient pas d'identifier exactement le phénomène. Ils savent que ça se produit lorsqu'ils œuvrent à combler leur raison d'exister et ils le voient simplement comme le développement naturel des choses. Pour eux, c'est ainsi que ça fonctionne. »

« C'est étrange, ai-je fait remarquer. Ça semble quelque peu mystique. »

« Quelques-uns ont mentionné cela, a acquiescé Casey. D'autres le voient comme une partie du déroulement naturel des forces de l'Univers ou comme une puissance supérieure à l'œuvre. D'autres encore le voient simplement comme de la chance. Mais tous s'accordent pour dire que ça se produit et que c'est un facteur influent dans ce qu'ils font. »

« Et vous, Casey, qu'en pensez-vous? », lui ai-je demandé.

Cette fois, c'est elle qui dut faire une pause pour réfléchir.

« Honnêtement, je ne sais pas. Je suppose que toutes ces visions sont valables, et il y en a peut-être une de plus. Avez-vous déjà entendu parler de la théorie des nombres exponentiels? »

« Je n'en suis pas sûr. Pouvez-vous me l'expliquer? »

« Bien sûr, c'est vraiment très simple. Je vais vous donner un exemple. La théorie des nombres exponentiels spécifie que si vous dites quelque chose à des gens, et que vous les incitez à le dire à leur tour à d'autres personnes, et que ces autres personnes le disent à encore plus de personnes, alors avant longtemps, votre message aura atteint beaucoup plus de personnes que celles à qui vous aurez parlé personnellement. »

« Je vois, un peu comme une chaine de lettre, lui dis-je. Vous envoyez une missive à dix personnes qui elles l'envoient à dix personnes chacune, et ainsi de suite. »

« Tout à fait, c'est le même concept. Mais au lieu d'une chaine de lettre, supposons que vous informiez les gens de quelque chose que vous essayez de faire et qui répondrait à votre raison d'exister. Si vous en parlez à dix personnes, et que chacune d'elles en parle à dix personnes, et ainsi de suite, avant longtemps, vous aurez tout un groupe de personnes qui peuvent potentiellement vous aider. »

J'ai réfléchi à tout cela quelques instants.

« Mais pourquoi les gens voudraient-ils m'aider? Je ne sais pas pour vous, mais je ne connais personne qui répond aux chaines de lettres. Qu'est-ce qui pourrait motiver les gens à parler à d'autres personnes de ce que j'essaie de faire? »

Casey me regarda sans répondre. Une fois de plus, j'avais l'impression que j'étais supposé répondre à ma propre question. J'ai songé à ce qu'elle venait de dire et comment nous en étions venus à parler des nombres exponentiels, mais la réponse ne me venait toujours pas.

« Je ne suis pas sûr de comprendre, Casey. Vous n'auriez pas un indice à me donner? »

« John, dit-elle, ces gens auxquels vous pensiez au début de notre conversation, ceux qui œuvrent à réaliser leur raison d'exister, comment vous sentez-vous lorsque vous êtes en contact avec eux? »

« C'est formidable. Vous ne pouvez vous empêcher d'être absorbé par leur passion et leur enthousiasme pour ce qu'ils font. Vous voulez les aider. »

Je fis de nouveau une pause.

« Allons, Casey. Êtes-vous en train de me dire que c'est la réponse? Comment cela peut-il s'appliquer au message véhiculé d'une personne à l'autre? »

« John, vous venez tout juste de dire que leur passion et leur enthousiasme font en sorte que vous voulez les aider. Si vous ne pouviez le faire personnellement, mais que vous connaissiez d'autres personnes qui pourraient être en mesure de le faire, ne les joindriez-vous pas? »

« Certainement, ai-je répondu. Ça revient à leur passion et à leur enthousiasme. Ces gens semblent tellement... »

J'hésitai un peu en cherchant les mots justes.

« Ouais, quelque chose comme ça. Ils semblent tellement être sur la bonne voie que vous voulez les aider. »

« Et lorsque vous parlez d'eux aux personnes susceptibles de pouvoir les aider, comment le faites-vous? », demanda Casey.

Je souris, à la fois à Casey et à la fois à moi-même.

« Je parle d'eux avec un peu la même passion et le même enthousiasme qu'ils m'ont communiqués. C'est contagieux, que l'émotion soit reliée à l'histoire ou au besoin. »

« Peut-être est-ce votre réponse », dit Casey.

Elle se leva et ramassa le reste des assiettes.

« Je suis impressionnée, John », dit-elle en tenant les assiettes vides. « Vous deviez être vraiment affamé. »

« C'est à cause de la nourriture, précisai-je. Elle est trop bonne pour la laisser dans les assiettes. »

J'ai jeté un coup d'œil vers la cuisine et je vis Mike. Il m'envoya la main, ce que je fis aussi, me sentant un peu moins préoccupé de ce que j'avais l'air en envoyant la main à un cuisinier dans un restaurant.

« Casey, je suppose qu'il ne reste plus de cette tarte à la fraise et à la rhubarbe? »

Elle rit.

« Je vais à la cuisine pour voir ce que je peux faire. »

SEIZE

Quelques minutes plus tard, Mike vint me rejoindre à ma table. Dans une assiette qu'il tenait, je voyais une pointe de tarte suffisamment grande pour satisfaire quatre personnes.

« Une pointe de tarte à la fraise et à la rhubarbe? », lança-t-il.

« Mike, ça ressemble plus à une moitié de tarte. Je ne crois pas pouvoir manger tout cela. »

« Prenez votre temps, rien ne presse. »

Il plaça de nouveaux ustensiles et une nouvelle serviette de table devant moi.

« Comment était votre discussion avec Casey? »

J'avais déjà pris une trop grosse bouchée de la tarte et j'essayais de mâcher du mieux que je le pouvais. Je fis signe à Mike avec un doigt dans les airs que je ne pouvais pas parler pour l'instant. Je pris une gorgée d'eau qui m'aida à avaler ma bouchée, puis j'ai répondu.

« C'était intéressant, très intéressant même. Nous avons parlé des gens qui semblent avoir répondu à la version modifiée de la question », ai-je répondu en pointant le menu.

Pour un bref instant, les mots sur le menu se sont transformés en *pourquoi suis-je ici?*, puis sont revenus lentement à *pourquoi êtes-vous ici?* Je n'ai même pas pris la peine de le faire remarquer à Mike.

« Cette question-là, précisément, dis-je. Ces gens semblent avoir des points communs : ils savent pourquoi ils sont ici, ils ont identifié les activités qu'ils veulent accomplir pour combler leur raison d'exister, et ils sont pleinement confiants d'être en mesure de les réaliser. Et lorsqu'ils essaient de le faire, des événements surviennent et leur permettent de réussir. Casey m'a parlé de quelques théories que les gens ont sur ce dernier point. »

Mike esquissa un large sourire.

« Il y a beaucoup d'hypothèses à ce sujet. Et il en est ainsi depuis fort longtemps, possiblement depuis les plus vieux philosophes de l'histoire. »

« Mike, il y a quelque chose que je ne comprends pas bien. Pourquoi les gens ne suivent-ils pas tous leur raison d'exister? Qu'est-ce qui les retient? Et avant que vous répondiez, je dois dire que je sais que je devrais me poser la question à moi-même – et c'est ce que je faisais lorsque vous êtes arrivé à ma table –, mais je suis curieux de savoir s'il n'y a pas une raison générale autre que ce que j'aurais pu penser. »

Mike sirota une gorgée de café de la tasse qu'il tenait à la main. Il la déposa et s'assit en face de moi.

« Sans doute que chacun de nous a ses propres raisons, débuta-t-il. Et ces raisons ne concernent que nous, puisqu'elles sont uniques à notre propre situation. Mais il y a certaines raisons qui semblent ressortir, cependant. »

« Par exemple? »

« Eh bien, pour certaines personnes, ça peut être simplement qu'elles n'ont jamais entendu parler du concept de la raison d'exister. D'autres personnes peuvent comprendre ce concept, mais elles ne sont pas certaines d'avoir une raison d'exister. Et puis, il y a les personnes qui, à cause de leur éducation, de leur milieu ou de leurs croyances religieuses, ne croient pas avoir le droit de suivre et de réaliser leur raison d'exister. Même les gens qui connaissent leur raison d'exister, et qui croient avoir le droit de la réaliser, peuvent parfois avoir l'impression que ce n'est pas aussi facile à faire que ça le semble. Cela nous ramène à ce dont Anne et vous avez discuté auparavant. Plusieurs personnes gagnent leur vie ou obtiennent leur pouvoir en convainquant les autres qu'ils – ou ce qu'ils fabriquent ou vendent – sont la réponse à l'épanouissement. Imaginez le défi pour eux si les gens parviennent à réaliser que chacun de nous a le contrôle sur son propre degré d'épanouissement. Ils perdraient leur pouvoir, et pour ce type de personnes, perdre le pouvoir sur les autres n'est pas une perspective très attirante. »

« Ça me rappelle l'une de mes conversations avec Casey, dis-je. Elle m'a aidé à comprendre qu'une fois qu'une personne découvre sa raison d'être, elle est appelée à faire et à devenir ce qu'elle veut. Elle n'a pas besoin de la permission ni du consentement de quiconque. »

« C'est vrai, acquiesça Mike. Et par-dessus tout, personne ne peut empêcher quelqu'un ni lui permettre d'accomplir ce qu'il veut dans la vie. Nous contrôlons notre propre destinée. »

J'ai réfléchi à ce que Mike venait de dire ainsi qu'à mes conversations précédentes avec Casey et Anne.

« Ce que vous décrivez là est très différent des messages que je vois et que j'entends chaque jour. Je comprends pourquoi c'est si difficile pour les gens d'être même seulement mis au courant des concepts d'identification de leur raison d'exister et de contrôle de leur propre destinée, sans parler des autres étapes et de la façon de vivre réellement selon cette philosophie. »

« Absolument, répondit Mike. Mais ce n'est pas impossible. En fait, il y a quelques semaines, un client nous a raconté, à Casey et à moi, une histoire intéressante sur la façon dont il a appris comment contrôler sa propre destinée. Si le cœur vous en dit, je peux vous en parler. »

« Certainement. Est-ce que ça parle d'autres pêcheurs? »

Mike rit de bon cœur.

« Pas cette fois, mais ça parle de sport. Pendant des années, ce gars a fait un rêve récurrent dans lequel il était devant un coup difficile au golf. Comme il n'était pas un bon golfeur dans la vie, c'était pour lui encore plus frustrant de se retrouver dans cette position durant son sommeil. Dans son rêve, la balle qu'il devait frapper se trouvait sur le rebord d'une fenêtre, sur une pierre présentant une pente accentuée ou à tout endroit tout aussi ridicule et inhabituel. Il essayait sans cesse de bien placer ses pieds et d'exercer son élan, mais il ne se sentait jamais prêt et il sentait que son coup serait médiocre. Plus il exerçait son élan, plus il devenait anxieux et stressé. Lorsque la frustration était à son maximum, il se sentait finalement prêt à frapper la balle. Toutefois, alors qu'il s'étirait vers l'arrière pour amorcer son élan, la balle changeait de position et il se retrouvait devant un nouveau défi tout aussi difficile. Il recommençait alors sa préparation et vivait une nouvelle montée de stress et d'anxiété. Le cycle se répétait jusqu'à ce qu'il se réveille le cœur battant la chamade et le corps crispé par le stress.

» Une nuit, il a fait ce même rêve, mais au moment où habituellement il atteignait un niveau de frustration maximal, il devint soudainement conscient qu'il pouvait tout simplement ramasser la balle et la déposer à un autre endroit. Il n'y avait aucun enjeu, et personne d'autre que lui ne s'intéressait à l'endroit d'où il frappait la balle.

» Il a mentionné s'être réveillé avec le sentiment incroyablement fort d'avoir fait une prise de conscience majeure : même si rien ne le laisse présager, les choses peuvent devenir d'une telle évidence lorsqu'on les voit autrement. Il a conclu notre conversation par ces explications : " En dépit de ce que l'on nous a appris à croire, ou de ce que nous entendons dans les publicités, nous contrôlons tous chaque moment de notre vie. Je l'avais oublié, et j'essayais de m'ajuster à toutes sortes d'influences extérieures que je laissais contrôler ma vie. Tout comme personne d'autre que moi ne se préoccupait dans mon rêve de l'endroit où je frappais la balle, seulement vous, dans la vie, savez vraiment ce que vous voulez de votre existence. Ne laissez jamais les choses ni les gens vous amener au point où vous sentez que vous n'avez pas le contrôle de votre propre destinée.

Choisissez vous-même votre voie, ou les autres la choisiront pour vous. Déplacez votre balle de golf! " »

Mike termina l'histoire et me regarda.

« Et puis, aucun pêcheur, hum? »

« Absolument aucun pêcheur, mais toute une histoire quand même. J'aime bien le message qu'elle véhicule.

» Ce fut pareil pour cet homme. Il a dit que le message de son rêve avait changé sa vie. À partir de là, il a réalisé qu'il avait le pouvoir de choisir sa propre destinée. Maintenant, chaque fois qu'il ne sait pas ce qu'il doit faire dans une situation défiante, il pense à déplacer la balle de golf. Ces mots lui rappellent de ne pas avoir peur et de faire ce qu'il veut. »

 # DIX-SEPT

J'ai jeté un coup d'œil à ma montre. Il était 5 h 15 du matin. « Je n'arrive pas à y croire, dis-je. C'est presque l'heure du petit-déjeuner à nouveau. »

Mike sourit.

« Peut-être devriez-vous terminer votre tarte d'abord... »

« Ce n'est pas une mince tâche », dis-je en prenant une bonne bouchée de la tarte. Lorsque j'ai eu terminé de la mâcher, j'ai regardé Mike.

« Il y a encore quelque chose dont je ne suis pas certain. J'en ai parlé avec vous et Casey, mais je n'ai toujours pas la réponse. »

Mike sourit.

« Oh, je suis désolé, John, mais la recette de la tarte doit rester secrète. C'est à peu près la seule information que l'on ne peut partager avec vous. »

J'ai ri.

« Je ne vous en blâme pas. Heureusement, je cherche une tout autre réponse. Nous avons discuté des gens qui se demandent *pourquoi suis-je ici?* et Casey et moi avons aussi parlé des conséquences de se poser une telle question et également de ce que les gens font une fois qu'ils connaissent la réponse à leur question. Ce que je ne sais toujours pas... »

« Comment faire pour trouver la réponse », compléta Mike.

« Exactement. »

« Je crois que pour cette partie de la discussion, je ferais mieux de demander à Casey de venir. Peut-être qu'à deux, nous pourrons mieux répondre à votre interrogation. »

Mike se leva et marcha jusqu'à l'autre extrémité du restaurant, là où Casey discutait avec Anne et son ami. Je me suis demandé s'ils discutaient du même sujet que Mike et moi.

Quelques instants plus tard, Casey se leva et accompagna Mike jusqu'à ma table.

« Comment est la tarte? », demanda Casey.

« Elle est excellente, dis-je en souriant. Je suis presque rassasié. »

« Casey, John se demandait comment on trouve la réponse à cette question », dit Mike en pointant de nouveau la question *pourquoi êtes-vous ici?* sur le menu, qui se transforma une fois de plus en *pourquoi suis-je ici?* « Je me suis dit que, à nous deux, nous aurions plus de chances de lui répondre. »

« Ça me va », dit Casey. Elle et Mike s'assirent devant moi.

Casey me regarda et, d'une voix très sérieuse, elle me demanda : « Avez-vous une boîte aux lettres, John? »

« Bien sûr. »

« Alors, à la première pleine lune qui sera au septième jour du mois après que vous vous serez posé la question, un colis sera déposé dans votre boîte aux lettres. Dans ce colis se trouvera un document. Ce document, s'il est tenu devant une chandelle, dévoilera un message caché provenant de ceux qui connaissent la réponse. Le message ne peut être lu qu'une seule fois dans votre vie, et seulement à la lueur d'une chandelle et au septième jour du mois. »

J'ai arrêté de boire et je me suis penché vers elle pour entendre la suite.

« Lorsque vous ouvrirez le colis, vous saurez que c'est celui dont je vous parle parce que son ruban sera rouge et attaché en double nœud, avec une... »

À ce moment, je remarquai que la table bougeait. En fait, elle semblait vibrer. Je me suis recalé dans la banquette.

« Que se passe-t-il, Casey?, ai-je demandé surpris. « La table... »

Casey continua, comme si elle n'avait rien remarqué du mouvement de la table. « ...grande boucle deux fois plus grande que la petite, située sur le coin gauche supérieur du colis. »

J'ai jeté un coup d'œil à Mike. Étonné et quelque peu embarrassé, je réalisai que la vibration de la table n'était pas une manifestation de l'au-delà, comme je commençais à le croire. C'était tout simplement causé par Mike. Il avait écouté Casey et pour contenir ses rires, il avait mis sa main sur sa boucle et s'était appuyé sur la table. Il riait si fort que tout son corps en tremblait, ce qui transmettait une vibration à la table.

Je me suis mis à rire. Casey se tourna vers Mike et lui donna un petit coup de poing enjoué sur l'épaule.

« Tu n'es pas un très bon complice », dit-elle dans un sourire.

« Désolé, répondit Mike, tu étais tellement convaincante que je n'ai pu me contenir. »

« D'accord, reprit Casey, j'ai probablement laissé trop courir mon imagination par rapport à la réponse à votre question, John. »

« Quelque peu, oui! », dit Mike. « Je dirais que c'était toute une mise en scène. Attachée avec un double nœud, avec... » Mike termina son imitation de Casey et nous avons tous éclaté de rire.

« Vous êtes toute une conteuse, Casey, ai-je dit. Mais j'ai bien peur que vous n'ayez pas encore répondu à ma question. »

« Je voulais faire un peu d'humour, reprit Casey en souriant, mais je voulais tout de même démontrer un point. Plusieurs personnes se posent la question et veulent avoir une réponse, mais elles veulent que quelqu'un ou quelque chose leur apporte la réponse. »

« Dans un colis qui arrive le septième jour », dis-je en souriant.

« Tout à fait, au septième jour. Mais le fait est que, tout comme nous avons le libre choix de décider de ce que nous ferons une fois que nous connaissons la réponse, nous avons aussi la responsabilité de trouver la réponse. »

« Donc, ce que vous dites, précisai-je, c'est qu'on ne peut pas simplement faire le premier pas et attendre que le reste arrive. Si quelqu'un veut vraiment savoir pourquoi il est ici, il doit trouver la réponse par lui-même. »

« Exactement, acquiesça Mike. Et les gens le font de différentes façons. Certains méditent sur leur raison d'exister. D'autres écoutent leur musique favorite et notent ce qui leur vient à l'esprit. Plusieurs personnes se retirent dans la nature, et d'autres encore en parlent avec leurs amis et des étrangers. Certaines personnes se laissent guider par des idées et des histoires lues dans des livres. »

« Avez-vous une recommandation à faire sur la méthode qui fonctionne le mieux? », demandai-je.

Casey prit la parole.

« Cela dépend vraiment de la personne, John. Ce qu'il faut retenir avant tout, c'est que nous sommes les seuls à pouvoir trouver notre réponse. C'est une des raisons pour laquelle plusieurs personnes passent du temps seules lorsqu'elles cherchent leur réponse. »

« Je peux les comprendre. C'est difficile de se concentrer sur quelque chose lorsque vous êtes bombardé de toute part par des informations ou des messages », ai-je fait remarquer.

« Très juste, acquiesça Mike. Lorsque les gens prennent le temps de méditer ou de se retirer seuls dans la nature, ils essaient généralement de s'éloigner de tout ce " bruit " extérieur afin de mieux se concentrer sur ce à quoi ils réfléchissent. »

« Est-ce la seule façon de procéder pour trouver sa réponse? », ai-je demandé.

« Pas vraiment, répondit Casey. John, vous souvenez-vous de notre discussion au sujet de l'utilité d'être en contact avec d'autres idées, d'autres cultures, d'autres perspectives ou d'autres gens? »

« Bien sûr, nous échangions sur comment une personne peut trouver tout ce qu'elle peut faire pour réaliser sa raison d'exister. »

« Exactement, reprit Casey. La même option s'offre aux gens qui essaient de trouver leur raison d'exister. Certaines personnes considèrent que les nouvelles expériences et les nouvelles idées leur permettent de découvrir de nouvelles résonances en elles. Certaines de ces nouvelles expériences ou nouvelles idées trouvent écho au fond d'elles-mêmes. Plusieurs personnes en ressentent même une véritable réaction physique. Elles ont des frissons, elles ressentent un courant d'énergie remonter leur colonne vertébrale ou bien elles pleurent de joie lorsqu'elles découvrent quelque chose qui les interpelle vraiment. Pour d'autres, un sentiment de déjà vu ou de l'avoir toujours su les envahit. Ce sont des indices qui aident les gens à trouver la réponse à leur question *pourquoi suis-je ici?* »

« Je sais ce dont vous parlez, ai-je dit en souriant. « Ça m'est déjà arrivé en lisant ou en entendant quelque chose et que je sentais que c'était parfait pour moi. En fait, je dois dire que j'ai vécu quelques-uns de ces moments ce soir. »

Casey m'a souri.

« Avons-nous répondu à votre interrogation, John? »

« Je crois que oui. Si j'ai bien compris, il n'y a pas une seule et unique méthode pour trouver notre propre réponse. Nous pouvons nous retirer dans un environnement qui nous permettra de nous concentrer sur la question. Mais entrer en contact avec différentes expériences ou idées est également une façon d'y parvenir. »

« Vous avez compris », dit Mike.

Casey se leva.

« Je vais aller voir nos autres clients. Y a-t-il autre chose dont vous avez besoin, John? »

« Je ne crois pas, Casey, merci. »

Elle me regarda dans les yeux et me sourit.

« Ce fut un plaisir, John. »

 # DIX-HUIT

« John, où vous dirigiez-vous lorsque vous vous êtes arrêté ici? », demanda Mike tandis que Casey s'éloignait.

« Je commence mes vacances. Je sentais que j'avais besoin d'un peu de temps loin de tout. Je voulais avoir l'occasion de réfléchir, mais je n'avais aucune idée de ce à quoi je voulais réfléchir. Je dois dire cependant que dans les.. », j'ai jeté un coup d'œil à ma montre, « ... les huit dernières heures, on m'a fourni plusieurs bons sujets sur lesquels réfléchir. »

Je fis une pause, puis j'interrogeai de nouveau Mike.

« Mike, est-ce que je peux vous poser une question personnelle? »

« Bien sûr, que voulez-vous savoir? »

« Qu'est-ce qui vous a amené à vous poser la question sur le menu? »

Mike se cala dans la banquette et un sourire se dessina sur son visage.

« Qu'est-ce qui vous fait croire que je me la suis posée? »

« Vous, votre comportement, cet endroit. Je ne peux en être certain, mais j'ai l'impression que vous faites exactement ce que vous voulez. Je présume que vous vous êtes posé la question à un moment ou à un autre, et que cet endroit en est la réponse. »

Mike sourit de nouveau. Il prit une gorgée de sa tasse et se mit à me raconter.

« Quelques années auparavant, je vivais une vie plutôt trépidante. J'étudiais le soir, je travaillais à temps plein le jour et, le reste du temps, je m'entrainais en vue de devenir un athlète professionnel. Durant deux ans et demi, presque chaque moment de ma vie était programmé.

» Lorsque j'ai obtenu mon diplôme, j'ai quitté mon emploi et j'ai décidé de rester tout l'été à rien faire, car j'avais déjà déniché un nouvel emploi qui ne devait commencer qu'en septembre. Un de mes amis et moi avons décidé de partir pour le Costa Rica afin de souligner l'obtention de nos diplômes respectifs – il venait tout juste de compléter ses études lui aussi.

» Nous avons passé des semaines à voyager à travers le pays, à arpenter la forêt tropicale, à admirer la vie sauvage et à nous immerger dans une nouvelle culture. Un jour, nous étions assis sur un tronc d'arbre; nous mangions des mangues fraîches et nous contemplions les vagues qui venaient mourir sur cette merveilleuse plage. Nous avions passé l'après-midi à faire du surf sur une mer à 27°C. Et nous relaxions en regardant le ciel passer du bleu au rose, puis au orange et enfin au rouge à mesure que le soleil se couchait. »

« Ce devait être spectaculaire », ai-je fait remarquer.

« Ce l'était, oui. Et je me souviens qu'en admirant ce magnifique paysage, j'ai réalisé que pendant que je planifiais chaque minute de ma vie durant les deux dernières années et demie, cette scène s'était répétée chaque jour. Le paradis n'était qu'à quelques heures d'avion et à quelques routes boueuses, et j'ignorais qu'il existait. Et je compris que non seulement cette scène s'était répétée chaque jour durant les deux dernières années et demie où j'étais si occupé, mais que le soleil s'était couché ici et que les vagues s'étaient brisées sur cette plage depuis des millions, voire des milliards d'années.

» En faisant cette prise de conscience, je me suis senti vraiment petit. Mes problèmes, les choses qui me causaient du stress, mes inquiétudes pour l'avenir, tout cela me paraissait complètement sans importance. Je savais que peu importe ce que j'avais fait ou non dans ma vie, que mes décisions aient été bonnes, mauvaises ou entre les deux, tout ce que j'admirais ce soir-là serait encore là bien après que je sois disparu.

» Je restais alors assis devant l'incroyable beauté et la majestuosité de la nature, en réalisant que ma vie n'était qu'une portion infiniment petite de quelque chose de beaucoup plus grand. Et c'est alors que j'ai été comme foudroyé par la pensée : mais alors, pourquoi suis-je ici si toutes les choses que je croyais importantes ne l'étaient finalement pas? Quel était le sens de la vie? Pour quelle raison est-ce que j'existais? Pourquoi étais-je ici?

» Une fois que ces questions ont surgi dans mon esprit, j'ai vécu ce que Casey vous a décrit auparavant. Ces questions m'ont obsédé jusqu'à ce que je trouve les réponses. »

Je m'adossai à la banquette. Sans m'en rendre compte, au fur et à mesure que Mike parlait, je m'étais penché vers lui pour saisir chaque mot qu'il me confiait.

« Merci, Mike. C'est une histoire formidable. »

« La vie est une histoire formidable, John. Seulement, les gens ne réalisent pas qu'ils en sont les auteurs et qu'ils peuvent l'écrire comme ils la veulent. »

Mike se leva à son tour.

« Je vais retourner à la cuisine et y faire un peu de nettoyage. Avez-vous besoin d'autre chose, John? »

« Non, je crois que je vais reprendre la route bientôt. En parlant de ça, j'étais plutôt perdu lorsque j'ai trouvé cette place. Je ne sais vraiment pas la direction que je dois emprunter maintenant. »

« Eh bien, ça dépend de l'endroit où vous voulez vous rendre », dit Mike en souriant.

Il allait dire quelque chose, mais il fit une pause, comme s'il s'était ravisé. Lorsqu'il reprit la parole, c'était de toute évidence dans un autre ordre d'idées.

« Si vous continuez quelques kilomètres sur cette route, vous arriverez à une intersection. Tournez à droite et ça vous mènera à l'autoroute. Il y a une station d'essence juste avant l'embranchement pour prendre l'autoroute. Vous avez suffisamment d'essence pour vous y rendre. »

J'ignorais comment il savait que j'aurais assez d'essence pour me rendre jusqu'à la station, mais j'avais l'intuition qu'il avait raison. Je me suis levé et je lui ai tendu la main.

« Merci, Mike. Vous avez créé un endroit très spécial. »

Il me serra la main.

« Vous êtes le bienvenu, John. Bonne chance pour votre voyage. »

Sur ce, il se retourna et s'éloigna vers la cuisine.

 # Dix-neuf

J'ai regardé le menu.

Pourquoi êtes-vous ici?

Avez-vous peur de la mort?

Êtes-vous pleinement épanoui?

Que de profondes questions! Si une personne me les avait posées ne serait-ce qu'un jour auparavant, j'aurais pensé qu'elle n'était pas tout à fait saine d'esprit. Pourtant, cette nuit-là, assis au café, en train de lire ces questions, je ne pouvais imaginer ne pas me les être posées.

Casey s'approcha de ma table. Elle me remit l'addition et un petit contenant. « C'est la dernière pointe de tarte à la fraise et à la rhubarbe. Un cadeau de départ de la part de Mike. »

Puis, elle me tendit un menu.

« Et ceci est de moi », dit-elle.

Sur la couverture du menu, sous les mots *Le Why Café*, Casey avait écrit un message pour moi. Je le lus, et je le relus.

« C'est pour que vous vous souveniez de nous », dit-elle en souriant.

« Merci, Casey. Merci pour tout. »

« Aucun problème, John. Nous sommes ici pour cela. »

Je déposai de l'argent sur la table, je ramassai le menu et le contenant avec la tarte dedans et je sortis du café alors qu'un nouveau jour débutait.

Le soleil avait commencé à monter au-dessus des arbres dans le champ en face du stationnement de gravier. L'air était rempli des dernières réminiscences de la tranquillité qui précède une nouvelle journée et, en même temps, de tous les sons d'un jour déjà en mouvement.

Je me sentais revigoré et bien en vie. Je changeai de main pour tenir le contenant, puis j'ai ouvert la portière de l'auto.

« Pourquoi suis-je ici? », ai-je pensé.

« Pourquoi suis-je ici? »

Décidemment, c'était un nouveau jour qui se levait.

 **ÉPILOGUE**

Après ma soirée au café, des changements sont survenus dans ma vie. Ce n'étaient pas des changements éclatants. Ils n'étaient pas survenus de façon extraordinaire. Mais ils ont néanmoins eu un impact dans ma vie au fil du temps.

Tout comme Anne, j'ai débuté lentement. J'ai quitté le café en me demandant *pourquoi suis-je ici?* et j'ai continué à tourner cette question en moi durant le reste de mes vacances. Les réponses ne sont pas toutes venues durant cette semaine-là. J'ai appris que trouver sa raison d'être exige plus qu'une semaine de réflexion en vacances puis de retourner à mes occupations. Comme la plupart des choses qui en valent la peine, ça demande des efforts de découvrir la réponse.

Ce fut une combinaison des méthodes apprises de Anne et de Casey qui m'a permis d'y parvenir. J'ai commencé à consacrer une petite portion de chaque journée à faire des activités que j'aimais, tout comme Anne l'avait fait. Puis, selon ce que Casey m'avait partagé, j'ai essayé de tirer profit des occasions qui se présentaient et d'apprendre ainsi – et d'expérimenter – de nouvelles choses. Cela m'a aidé à élargir mes horizons et mon univers de raisons possibles pour lesquelles j'étais ici. Ainsi, ma vision n'était pas aussi réduite qu'au début de mon aventure.

Éventuellement, ma raison d'être – et les façons dont je voulais la réaliser – est devenue claire. Ironiquement, c'est survenu lorsque je fus confronté au plus grand des défis. Lorsqu'on évalue deux choix, l'un étant de vivre une vie qui comblerait sa raison d'exister et l'autre étant de vivre seulement, on pourrait penser que la décision est facile à prendre.

Elle ne l'est pas.

Avec le temps, j'ai observé que c'est à ce carrefour que la plupart des gens mettent fin à leur quête. Ils regardent par un trou dans la clôture et voient clairement la vie qu'ils aimeraient avoir, mais pour toutes sortes de raisons, ils n'ouvrent pas la porte de la clôture et n'avancent jamais vers cette vie désirée.

Au début, cela me chagrina passablement. Mais comme le disait Mike, et que j'ai fini par croire, les gens font ce choix à différents moments de la vie. Certains le font lorsqu'ils sont jeunes, d'autres, plus tard, et certains ne le font jamais. Ce choix ne peut être ni brusqué ni imposé.

Pour ma part, savoir que « tu ne peux pas avoir peur de ne pas avoir la chance de faire ce que tu voudrais faire si tu le fais déjà ou si tu l'as déjà fait » m'a permis d'ouvrir la porte de la barrière. Et c'est l'une de mes philosophies de vie maintenant.

Pas un jour ne passe sans que quelque chose me rappelle le café. Je me souviens de Casey et de son aventure avec la tortue de mer verte chaque fois que j'ouvre ma boîte aux lettres et que j'y trouve des publicités et des offres m'incitant à acheter des choses dont je n'ai pas besoin. Cette vague de front est toujours présente, prête à saboter mon temps et mes énergies. Mais depuis que je sais cela, j'épargne mes forces pour profiter des vagues de retour.

Je pense aussi à l'histoire de Mike sur une plage du Costa Rica. D'un point de vue universel, nos stress, nos anxiétés, nos victoires et nos défaites comptent bien peu.

Mais c'est devant notre apparente insignifiance que nous trouvons le sens de la vie.

Si je n'ai qu'un regret à formuler au sujet des changements que j'ai apportés dans ma vie, c'est seulement celui de ne pas les avoir effectués plus tôt. Je suppose que je n'étais tout simplement pas prêt à les faire avant cette nuit au café.

Aujourd'hui, ayant trouvé ma raison d'être et vivant de façon à la combler, je ne retournerais jamais à la vie de l'autre côté de la clôture.

Merci d'avoir lu Le Why Café.

Pour recevoir un exemplaire gratuit de l'article de John P. Strelecky intitulé « Dix trucs pour vivre la vie de vos rêves », visitez le www.whycafe.com (disponible en anglais seulement).

Pour être au courant des activités de John ou pour retenir ses services de conférencier, visitez le www.johnstrelecky.com.

Au sujet de l'auteur

Par ses livres, ses CD audio, ses articles et ses passages à la télévision et à la radio, John P. Strelecky a influencé positivement des millions de personnes.

Lorsqu'il parut pour la première fois sous le titre *The Why Are You Here Cafe*, le livre suscita des critiques dithyrambiques de la part des lecteurs et des chroniqueurs littéraires. Vendu dans plus de trente pays sur les sept continents, le livre continue d'inspirer les gens à travers le monde à trouver leur raison d'être et à vivre leur vie idéale.

La majeure partie des œuvres de John, incluant sa série de CD à succès international – *The Big Five for Life*™ –, sont inspirées des expériences que sa femme et lui ont vécues lors d'un voyage en sac à dos autour du monde. Durant neuf mois, ils ont parcouru plus de 100 000 kilomètres (presque trois fois la circonférence de la terre) en utilisant plusieurs modes de transport, dont le cheval, l'éléphant, la bicyclette et le bateau.

Les expériences retenues de ce périple constituent le cœur des conférences de John. Il est un orateur très prisé et très en demande dans les compagnies et les organisations à but non lucratif. Pour inviter John à l'un de vos événements, visitez le www.johnstrelecky.com.

John a récemment annoncé son projet *Inspire Two Million*. Son but est d'inspirer au moins deux millions de personnes qui ont été touchées par son travail à donner chacune un dollar à un organisme à but non lucratif qu'il a fondé et qu'il nomme *Inspire Two Million*. Pour appuyer son initiative, John donne 10 % de tous ses revenus provenant de la vente de ses livres. Les dons sont remis à des organismes de charité soigneusement sélectionnés. Pour donner un dollar à cette cause, visitez www.inspire2million.com.

Pour plus de détails au sujet de l'auteur, visitez le www.johnstrelecky.com.

GUIDE DE LECTURE POUR FAVORISER LA DISCUSSION

1. Avant de lire *Le Why Café*, quelles auraient été vos réponses aux trois questions sur le menu du café? (*Pourquoi êtes-vous ici? Avez-vous peur de la mort? Êtes-vous pleinement épanoui?*). Après la lecture du livre, vos réponses sont-elles les mêmes? Sinon, pourquoi?

2. À quel point pensez-vous que le sentiment que l'auteur décrit comme étant « perdu dans la nuit, sur une longue route sombre » est-il percutant? Qu'est-ce qui peut justifier un tel sentiment d'être perdu et sans direction?

3. Avez-vous déjà vécu une expérience similaire à celle de John au café? Si oui, à quel point cela a-t-il changé votre vie et celle des gens près de vous?

4. Lorsque Casey fait remarquer que parfois il est utile de regarder les choses sous un autre angle, quels peuvent être selon vous les avantages d'adopter une nouvelle perspective?

5. Comment le fait de voir les choses sous un angle différent peut vous aider ou transformer votre vie? De quelle façon *Le Why Café* vous a-t-il aidé à considérer les choses dans une nouvelle perspective?

6. En référence à la question *pourquoi êtes-vous ici?*, Casey explique à John que s'il se pose la question à lui-même au lieu de la poser à la deuxième personne, il ne serait plus jamais le même. Que pensez-vous que Casey voulait dire?

7. Dans le processus d'accomplir sa raison d'être, quelle est l'importance d'explorer et d'accueillir de nouvelles idées et de nouvelles activités?

8. Casey mentionne à John que nous sommes limités par nos expériences et notre connaissance actuelle. De quelles façons et à quel niveau êtes-vous limité par votre présente expérience et votre savoir actuel? À quel degré nous imposons-nous ces limitations à nous-mêmes?

9. Selon les termes que Casey a utilisés pour son histoire de la tortue de mer verte et la réaction de John à cette histoire, quelles sont les vagues de front qui grugent votre temps et votre énergie chaque jour? Comment pourriez-vous cesser de lutter contre ces vagues de front et préserver vos énergies pour tirer profit des vagues de retour?

10. Anne fait remarquer à John la raison pour laquelle nous passons tellement de temps à planifier ce que nous voulons faire, au lieu de simplement le faire maintenant, réside en grande partie dans les publicités qui nous assaillent chaque jour. Comment la

télévision, les journaux, les magazines et Internet nuisent-ils à l'utilisation du temps dont nous disposons quotidiennement?

11. John se demande à quel point sa définition du succès, du bonheur et de la plénitude a été déterminée par les autres au lieu de lui-même. Comment répondriez-vous à cette question pour vous-même? Quelles sont les actions que vous pourriez faire pour changer cela?

12. À un moment donné, John demande à Casey pourquoi on attend pour faire ce que l'on veut, alors qu'on peut le faire dès maintenant. Quelle serait votre réponse à cette interrogation?

13. Quelles sont les caractéristiques similaires que vous retrouvez chez les gens que vous connaissez et qui sont passionnés par ce qu'ils font? Sont-elles les mêmes que celles décrites par John?

14. De quelles façons le fait de laisser savoir aux autres ce que vous essayez de faire pour réaliser votre raison d'être augmente-t-il vos chances de recevoir une aide et un appui inespérés?

15. John demande à Mike pourquoi les gens ne poursuivent-ils pas tous leur raison d'être, qu'est-ce qui les retient? Comment Mike répond-il à cette question? Et vous, comment y auriez-vous répondu?

16. Quelle serait votre réponse à la question *pourquoi suis-je ici?* et comment définiriez-vous votre raison d'être? Comment feriez-vous pour identifier les activités qui combleraient votre raison d'exister?

17. Juste avant que John quitte le café, Casey lui remet un menu sur lequel elle lui a écrit un message personnel. Selon vous, quelle est la teneur de ce message? Qu'auriez-vous écrit à John à la place de Casey?

18. Dans l'épilogue, John mentionne que devant le choix de vivre une vie qui comble notre raison d'exister et celui de vivre tout simplement, la décision peut sembler facile, mais elle ne l'est pas. Pourquoi selon vous? Pourquoi pensez-vous que c'est à ce carrefour que la majorité des gens abandonnent leur quête?